中国建筑业管理体制改革思路

缪长江 著

中国财经出版传媒集团
中国财政经济出版社

图书在版编目（CIP）数据

中国建筑业管理体制改革思路／缪长江著．－－北京：中国财政经济出版社，2021.4
ISBN 978－7－5095－9926－6

Ⅰ．①中… Ⅱ．①缪… Ⅲ．①建筑业－经济体制改革－研究－中国 Ⅳ．①F426.9

中国版本图书馆 CIP 数据核字（2020）第 132737 号

责任编辑：李昊民　刘孺泾　　　　责任印制：张　健
封面设计：王　颖　　　　　　　　责任校对：李　丽

中国建筑业管理体制改革思路
ZHONGGUO JIANZHUYE GUANLI TIZHI GAIGE SILU

中国财政经济出版社 出版

URL：http://www.cfeph.cn
E－mail：cfeph@cfeph.cn

（版权所有　翻印必究）

社址：北京市海淀区阜成路甲 28 号　邮政编码：100142
营销中心电话：010－88191522
天猫网店：中国财政经济出版社旗舰店
网址：https://zgczjjcbs.tmall.com
北京财经印刷厂印刷　各地新华书店经销
成品尺寸：170mm×240mm　16 开　11.5 印张　136 000 字
2021 年 4 月第 1 版　2021 年 4 月北京第 1 次印刷
定价：46.00 元
ISBN 978－7－5095－9926－6
（图书出现印装问题，本社负责调换，电话：010－88190548）
本社质量投诉电话：010－88190744
打击盗版举报热线：010－88191661　QQ：2242791300

前　　言

建筑业作为城市经济体制改革突破口率先垂范，没有先例可循，缺乏配套改革，在计划经济向社会主义市场经济转型过程中，建筑业发展伴生诸多困扰。建筑业改革与发展严重滞阻。

本书旨在深入分析建筑业状况，为建筑业改革出现的各种痼疾把脉，找出产生问题的根本原因，对症下药，提出解决方案，为政府管理创新提供理论基础，为高层决策提供参考依据，为建筑业和企业改革提供基本思路，以期望可以逐步推动、实现建筑业深层次的改革。

本书主要从以下几个方面阐述。

第一，推动建设工程投资体制改革。逐步改变政府和民间投资比重，加大民间投资领域和范畴，限制政府投资领域和范围；建立政府投资工程目录，政府投资原则上限定为公益性和公共性、稀缺资源和涉及国家安全领域工程项目；而竞争性和营利性项目投资让渡给民间资本。建立政府投资工程立项标准，实行政府投资工程立项终身责任制。

第二，建立政府投资工程管理体系。政府投资工程与民间投资工程分开管理，建立政府投资工程管理体系，从规划立项、融投资、设计、采购、施工、质量安全监督、竣工验收和交付使用等全过程，完全由政府主管部门统一负责管理。加强采购环节的管理，重新建立全公开招标体系，采取资格候审和低价中标的招标办法，防止外界权力干预招投标。成立国家工程预算委员会、建设工程招投标委员会、主管政府投资工程管理政府部门和工程决算审计委员会等，专门负责政府投资工程的立项、规划、建设和审计。

第三，改革现行建设工程管理体制。打破现行条块分割、地方封锁和行业垄断工程管理体制，设立全国统一工程管理政府机构，该机构设立负责民间投资和政府投资两套管理体系。它们各行其道，互不干扰。

第四，推动国有建筑业企业体制改革。改革行业组织结构和产业结构，缓解建筑市场供需矛盾，加强职工培训，鼓励非公有制经济发展，改革现行资质管理制度，改革现行企业监管方式。

第五，推动建筑业企业项目管理体制改革。全面反思"项目法施工"，严格项目经理责任制和项目成本核算制，保持项目经理与建造师制度衔接，鼓励建筑业企业采取多种劳务组织形式，落实总包责任制，推动工程项目多层分包制度，改革现行建筑劳务分包企业组织形态和管理方式。

第六，改革现行工程监理制度。取消强制工程监理范围、取消工程监理取费，改变监理收费来源，逐步重塑工程监理独立第三方地位。工程监理负责民间工程质量安全监督。

第七，改革质量监督机构。工程质量监督机构纳入政府行政管理序列，统一划归主管政府投资工程管理政府部门，履行政府投资工程质量安全监管职能，不与民间投资工程管理发生任何关系。工程质量监督机构有停工和启动保函的权利。

第八，全面推行工程保险和工程担保。建立适合我国国情的工程保险制度，推动工程保险法制化建设，丰富工程保险品种，转移工程风险；发展创新市场需要的工程担保品种，分散工程风险，分别建立适用于政府投资工程和民营投资工程的工程担保体系。

建立与被保险人风险发生概率、信用程度相适应的保险价格机制。建立与被担保人信用程度相适应的保函额度机制、保函价格机制及反担保机制。增加市场主体出险后再进入市场的成本。

建立政府投资工程履约担保制度，保证工程质量、安全和工人工资支付等，建立工程业主终身追责制度。

建立规范工程保险企业和工程担保企业市场行为法律制度，建立严格的市场准入、清出制度和机制，加强宏观调控和市场调节相结合。

第九，大力推进建筑市场信用体系。建立建筑市场各类主体征信标准、执业人员征信标准，并建立互联互通的建筑市场各类主体信用档案、工程建设项目信息档案、执业人员信用信息档案。推进工程建设信息的公开，动态管理并公开建筑市场各类主体、执业人员的信用，将市场主体信用等级与工程担保制度相结合，作为其市场准入和退出基本依据，现阶段可以与企业资质管理制度相结合，逐步弱化资质管理制度。

第十，取消工程定额。取消建设工程定额，建立全国统一建筑生产要素价格目录（动态），作为企业投标报价基本依据；推动各地有形建筑市场逐步由工程招标服务场所向生产要素市场转化，并建立全国统一的大型互联网市场，提供生产要素价格指数、企业及执业人员信用信息发布、工程建设项目信息发布等功能。

本书从多个视角、不同层面揭示了我国建筑业和工程建设体制改革方向、目标和分阶段、分步骤实施任务，可供有关人士学习与参考。

缪长江

目 录

第1章 工程建设投资体制改革 …………………………………… 1
第2章 建立政府投资工程管理体系 ……………………………… 18
第3章 改革现行建设工程管理体制 ……………………………… 35
第4章 国有建筑业企业改革 ……………………………………… 55
第5章 建筑业施工管理体制改革 ………………………………… 84
第6章 改革建设工程监理制度 …………………………………… 94
第7章 工程质量监督和管理制度改革 …………………………… 103
第8章 全面推行工程保险和工程担保 …………………………… 124
第9章 大力推进建筑市场信用体系建设 ………………………… 140
第10章 建设工程价格形成机制改革 ……………………………… 155

参考文献 …………………………………………………………… 172
致　　谢 …………………………………………………………… 176

第1章
工程建设投资体制改革

投资是拉动我国建筑业经济增长的重要因素。投资体制作为投资运行的一种框架和规范，是组织、领导和管理投资活动的基本制度和主要方式方法。

在计划经济条件下，国家是主要的投资主体，建设的资金主要来源于国家财政拨款，投资调控完全依赖于国家硬性计划，投资监管制度薄弱，投资责、权、利分配模糊。随着经济体制逐渐转化为以市场经济为中心，我国对投资体制进行了一系列改革，打破了原有的高度集中的投资管理模式，初步形成了投资主体多元化、资金来源多渠道、投资方式多样化、项目建设市场化的格局，对调整结构、深化改革、转变经济增长方式发挥了积极作用。

1.1　投资体制改革取得的历史成就

1.1.1　管理制度不断完善

据国家发展和改革委员会宏观经济研究院投资研究所统计，从1979

年实施"拨改贷"试点至今,出台的改革政策、措施超过40项,内容涉及宏观调控和微观管理多个领域,内容可以概括为以下5个方面。

一是投资宏观调控体系调整。其包括基本建设和更新改造分部门管理后又合并、颁布产业政策和外商投资指导目录、1991年出台投资方向调节税(2000年停征)、实行差别贷款利率、实行项目资本金制度等。

二是项目决策体制调整。其包括下放投资项目审批权限,简化项目,审批程序,由专业工程咨询公司进行项目评估,划分公益性、基础性和竞争性项目,大型企业投资自主权试点、企业投资项目审批制改为核准制和备案制等。

三是投资资金管理和筹措方面的改革。其包括"拨改贷"、"贷改投"、征收能源交通基金、发行重点建设债券和企业股票、建立国家和地方投资公司等。

四是建设项目实施管理方面的改革。其包括设立工程承保公司,推行招投标制,建立项目法人责任制、工程监理制、项目审计制度等。

五是加强民间投资参与力度。国家明确提出界定政府投资范围,处理好政府投资和民间投资的关系,解决民间投资准入难的问题,提升民间投资在资源配置中起基础性作用的功效。

1.1.2　实现了投资主体多元化

各级地方政府、国内外各类企业、个人都可以成为建设项目的投资者,由此也实现了资金来源的多渠道,除了政府投资和银行贷款,增加了外商投资、企事业单位和个人自有资金、企业发行股票和债券获得的资金等。

1.1.3　实现了投资方式多样化

随着建筑业不断与国际建筑市场接轨,一些国外的投资方式不断引入国内，呈现投资方式多样化的局面。除了由建设单位直接投资进行基本建设和技术改造之外，建筑业还出现了项目融资、股权投资、项目并购、租赁投资、BOT等国际广泛采用的多种投资方式。

1.1.4 政府对企业投资的干预越来越少

企业投资项目从审批制改为核准和备案制之后，企业投资的自主权相对扩大，不是国家禁止和需要核准的建设项目只需在建设之前备案即可。据有关部门估计，执行备案制的项目数量占全社会建设项目的75%左右。简化了占全社会建设项目15%左右、需要政府核准的项目的程序。这些项目只需到政府投资主管部门进行一次核准申请即可。

1.1.5 初步建立国有投资项目监督体系

为防止决策失误和腐败事件的发生，建立了政府投资制衡机制，加强了对政府投资项目的审计监督，完善了重大项目稽查制度，在对政府投资项目的社会监督方面，执行了鼓励公众和新闻媒体对政府投资项目进行监督等的措施，基本建立了对政府投资进行多方面、多层次、全过程的监督体系。目前正在制定的政府投资的"问责制"，将对不遵守法律法规给国家财产造成重大损失的，依法追究有关责任人的行政和法律责任。

1.1.6 国有投资建设项目推行市场化运作

投资体制改革打破了国有经济（包括政府和国有企业）投资项目实施过程安排任务的命令式运作方式，国家要求项目建设单位在选择参与项目建设的咨询、设计、施工、监理、代建、采购等单位时，都要求遵照《中华人民共和国招标投标法》（以下简称《招标投标法》），采用招投标的方式确定承担单位,并按《中华人民共和国民法典》(以下简称《民法典》)签订合同。在国家法规的要求下,国有投资项目在建设实施中全部或部分采用了市场化运作方式。

综上可知,建筑业投资体制改革已经取得了阶段性成果,对政府而言,涉及减少审批环节、合理调整项目审批规模和权限以及财政性投资的管理效率,是对政府经济行为的调整;对企业来说,投资体制改革在赋予其理应得到的投资决策权的同时,也需要企业承担相应的投资风险。推动建筑业投资体制改革,虽然涉及面广、任务复杂艰巨,但对于确立企业在竞争性领域投资主导地位、规范政府投资行为、保护投资者合法权益、调动各种类型投资者的积极性,具有深远的意义。

1.2 建设工程投资体制存在的问题及原因分析

1.2.1 民间资本投资不足,发展极不平衡

在相关政策措施逐步得到落实的情况下,民间投资虽然保持良好的增长势头,但根据近几年的情况来看,工作进展极不平衡。一方面,从民营经济投资布局的整体来看,在一部分产业领域民营经济进入深度明显偏高,无论是投资比重还是产出比重均显示了一定的竞争优势,有些领域甚至进入过度,出现了严重的生产过剩。而在公用事业领域或垄断行业,民营经济投资进入的程度则明显偏低。另一方面,民营经济投资具有较明显的地域特征,东部的民营投资、外商投资相对较高,国有投资相对较低;而西部的国有投资比重较高,民营投资与外商投资比重则相对较低;中部地区的情况则呈现中间状态。这种地区之间不同所有制经济投资布局的非均衡发展,进一步加大了地区之间经济发展的差距。

特别是在整个社会投资增长的重心越来越向民间资本倾斜的情况之下，这种投资增长带来的经济后果将更为明显。

其原因主要有如下三个。一是相关领导部门的思想观念较为陈旧落后，过度依赖国有企业投资，认为民营企业只追求利益，较少承担社会责任，使一些产业领域在制定政策时，有意无意地以国有大中型企业作为标杆提出标准要求，在政策解读和执行的时候，客观上限制民间投资、排挤民营企业，特别是其中的中小企业。二是国有企业利用自身的种种优势，除了在主业领域不断强化垄断地位以外，在非业主领域也大举扩张，挤压了民营企业的经营空间，在竞争性和经营性领域也越来越多地看到它们的影子。三是民间资本自身势单力薄，一些垄断行业的项目投资规模巨大，投资周期较长，与国有企业相比之下，民间投资主体的实力总体有限，融资渠道受到限制，民间资本的市场准入门槛较高、投资渠道较少，民间投资主体面临的风险更大。

1.2.2 责任追究制不完善，投资责权不明

在投资体制改革进程中，各地各部门在职责范围内对建立政府投资责任追究制度进行了积极探索实践，取得了一定成效，但从总体上看，责任追究制度的建立还不系统、不完备，制度的执行还不统一规范，实施效果也还不够理想，主要问题有：责任追究对象不明确，责任主体难确定；责任追究范围不全面，目前侧重于对实施环节的责任追究，而忽视了对决策环节和监管环节的责任追究；责任追究方式不严密，缺乏准确性和公正性，重行政责任，轻法律责任；责任追究程序不规范，缺乏与之相关的法治基础和政治惯例。

其原因主要有以下三个。一是政府投资主体地位根深蒂固，在思维方式上，没有完全树立起市场第一的观念。在许多重大项目的监管过程

中，如对招标投标管理、对咨询中介机构管理、对施工建设活动的监管等政府还存在代替市场行事，没有让市场在资源配置中充当主要角色。二是法律法规不完善，在项目运作和防止腐败两方面法律制度不健全、不完善，决策和约束两个问题没有得到科学的解决。三是管理模式不到位，政府有关部门在投资管理上存在职能交叉、权责划分不清晰等问题，以致投资项目出现问题时难以确定责任主体。

1.2.3　法律法规不健全，执法力度不够

改革开放以来，我国在投融资方面颁布了一些法规和管理办法，如《招标投标法》《中华人民共和国证券法》（以下简称《证券法》）等，为建筑业的投融资活动提供了一定的法律依据。但是对于现阶段建筑业的发展要求而言，现有的法律建设还相对落后，法律环境还不完备，在一些方面还存在空白，从而导致有关部门随意性大，一些扰乱市场秩序的不法现象时有发生。例如，一些民营企业投资者的合法权益得不到有效的保障，而民营经济关切的还是自己辛苦积累起来的财富能否得到安全保障、民营经济的生存与发展要求能否得到尊重，投资收益权益和经营权益与占有权益能否得以实现。从而导致一些民营企业不能消除顾虑积极投资和发展生产经营活动；另外，法制环境的不完善、政策的不确定导致了投资的风险成本急剧攀高，这也会令投资者望而生畏，减少了潜在的投资者。

另外，投资主体和相关部门对既有法律法规的执法力度不够，有法不依、执法不严、违法不究，甚至知法犯法、执法违法的现象还大量存在。投资项目的法人责任制、资本金制、招标投标制、工程监理制和合同管理制在实际工程建设中不能得到很好的执行。

1.2.4 政府定位不明确，中介服务不完善

政府职能定位有待进一步明确。建设工程的管理以政府的投资预算管理为主，由于政府预算约束软化，建设过程对于造价管理的失控，这类项目投资的"三超"（概算超过估算、预算超过概算、决算超过预算）问题十分严重，而且工程的质量和工期也都存在一些问题。同时，国有企业的法人治理结构也存在诸多问题，主要的问题集中在政府对于国有企业的管理权限上，国有企业的现代企业制度与运作模式尚不完善、市场化程度不够，导致政府部门的决策职能远多于服务职能，有些本末倒置。

相关服务中介体系尚不完善。政府部门常常是建设工程的主要投资主体，导致建设工程的相关中介服务体系仍多与政府部门有关，在与计划主管部门和财政主管部门的分工上，应强调政府建设工程主管部门的管理权限应局限在政府投资项目的实施阶段，即组织设施、招标发出、施工监管、计量支付、合同管理、竣工验收等工作，尤其是要在办理设计与施工许可的手续上取代项目业主的地位。建设工程管理过程也应注意充分发挥社会中介组织的作用。同时，相关职能服务中介的专业化水平不高，建设工程的设计、审计、咨询、监理等部门的专业化程度有待进一步提高。

1.3 发达国家建设工程投资体制的经验及启示

1.3.1 以企业为投资主体建立投资体制的基础

市场经济发达国家的投资主体也分为三种：政府、企业和私人。但

企业投资主体占主要地位，全社会的投资总量中，企业投资占绝大比重。各国政府投资数量较少，仅用于提供公共基础设施和教育、科研、卫生、环保等公共产品和准公共产品。政府投资通常集中在两大领域：一是靠民间资金难以实施的超大规模的投资项目或投资领域，二是民间金融难以长期提供资金供给项目或供给领域。

市场经济发达国家的企业能成为真正的投资主体，是由投资主体的产权属性决定的。这些企业作为投资主体具有几个显著特点：第一，企业投资完全由企业依据市场状况自主决策，政府不干预企业投资；第二，企业投资主体的责、权、利三者统一，并承担全部风险；第三，绝大多数企业项目的审批和立项程序全部在企业内部完成，无须上报和层层审批；第四，企业投资的数量和投向完全由市场调节，虽然有时要受到政府产业政策的引导，但政府的产业政策也是根据市场变化来制定的。总之，市场经济发达国家投资体制的基础是企业，其产权属性基本是私有制，因而容易做到投资的决策与责任、权利与义务的统一。

1.3.2 以发达的金融资本市场为企业融资拓宽渠道

融资作为投资能否顺利实现的先决条件，是投资体制的重要内容。市场经济发达国家的中小企业融资，分为直接融资和间接融资两个渠道。

在直接融资方面，发达的资本市场正成为中小企业融资的重要渠道，纵观美、英、日等国的资本市场，其共同特点是：资本市场规模大，层次齐全，资本运作规范，相关的法律、法规健全。美国的股票市场是全世界最发达的股票市场，其股票发行数量、交易品种、股市容量和市值都堪称世界一流，美国的债券市场规模又远超过股票市场，金融业非常发达。独具特色的二板市场（NASDAQ）是用现代信息技术建立的电子交易系统专门为中小企业融资的场所。目前，全美约有5000多家中小企业股票在 NASDAQ 上市,很好地解决了众多中小企业的融资问题。与之相似,英国的另择投资市场(AIM)也是专门为中小企业融资的场所,其最大特点是上市条件宽松、成本低、上市速度快、可为英国的中小企业融资提供便利条件。

在间接融资方面,发达的金融业为中小企业融资提供了诸多的方便条件和服务。其显著特点是:第一,金融机构数量多,资金充裕。以美国和英国为例,目前,美国挂牌的银行约有 11000 多家,通过银行运作的资金总量约占金融市场总量的三分之一;英国尽管国土面积小,人口数量也少,但英国有各类银行 520 多家,世界上著名的大银行在英国都有分支机构。第二,银行为中小企业融资提供便利条件,积极支持中小企业发展。日本的银行在这方面尤为突出。日本中小企业贷款的 80% 都是由民间的商业银行提供的;民间金融机构不但提供金融方面的服务,还直接参与企业投资,实行银企合作,即实行主力银行制。其主要做法是银行认购企业和项目投资的股权和股票,成为企业的股东,如果企业出现经营困难,主力银行责无旁贷予以全力支持。

发达国家的资本市场的这些特点促使这些国家的中小企业的融资格局不断发生变化,即股权融资、债权融资比重不断上升,银行融资比重有所下降。

1.3.3 服务型政府引导企业投融资活动的顺序展开

美国、德国、日本等国的政府十分重视企业的投融资活动,但一般不干预企业的投融资活动。这些国家政府通过制定优惠政策和多种有效的措施为中小企业投融资服务。为了鼓励企业投资,美国政府对企业使用土地实行低收费政策,简化登记手续;通过划设企业区和实行差别税收等办法引导企业投资。德国政府采取拨款补贴、低息贷款和贷款风险担保等形式扶持中小企业发展。日本地方政府采取的具体措施是：为支持中小企业投融资提供无息和低息贷款、拨款补助和为企业提供信用担保。日本的中央政府则实施产业政策和税收、金融政策的密切配合来引导企业投融资，即在不同的经济发展时期，为实现产业振兴的目标，制定相应的产业政策。

1.3.4 完善的中介体系为企业投融资提供优质服务

各类中介组织是市场经济的产物，市场经济越发达，中介组织体系也越完善。美国、德国、英国、日本等国中介组织的共同特点是：中介服务体系健全，中介组织非常注重自身的信誉，以科学、公正和可靠的原则为企业投融资提供优质服务，已成为企业投资顺利实施不可缺少的环节。中介组织的主要职能有：第一，掌握和贯彻执行政府的有关政策和意图，代表企业与政府沟通，影响政府决策，在政府和企业之间发挥着桥梁、纽带作用。例如，德国的工商会被称为"既是一个不拿政府一分钱，但协助政府工作的二政府，又是一个代表私人企业利益，并为之服务的民间机构"。日本的产业（行业）协会，一方面作为企业的代表，向政府提出企业的要求，如向政府申请免税，提出开发建议、资金支持等；另一方面向企业贯彻政府对企业投资的导向意见。第二，为企业提供信息咨询服务，使企业掌握市场动态，以便进行科学的投资决策。例如，日本的工作机械工业会每年发表一份白皮书，以引导企业投资开发。美国的世界贸易中心协会定期公布国际贸易情况，为企业投资及时提供商情服务。第三，从事新技术的开发研究，组织行业内的技术交流和企业人员的技术培训；制定行规，规范职业道德和行业技术标准，以保证企业公开竞争有序。日本和美国的中介组织在这方面的做法尤为突出。第四，协助政府扶植中小企业发展。例如，美国的中介组织机构发放给中小企业贷款,其目的是支持中小企业找到好的投资项目。

1.3.5　健全的法制环境为投资活动提供有效约束和基本保障

市场经济发达国家都十分重视法制环境完善,各种经济活动的开展都是在法制环境下进行的。因为尽管市场竞争激烈,但包括各类投资活动在内的经济活动都规范有序。例如,美国从联邦宪法到一些州议会制定的法规都有部分内容对投资活动起约束作用。尽管我国到目前还没有一部完整的投资法,但有关投资建设方面的法律有《中华人民共和国税收法》《中华人民共和国环保法》《中华人民共和国土地法》等;对特殊行业投资活动约束的有《中华人民共和国公路法》和《中华人民共和国电信法》,保证投资建设规范顺利进行的有《中华人民共和国民法典》;对证券发行和交易约束的有《中华人民共和国证券法》和《中华人民共和国证券交易法》等。英国也是如此,英国没有专门的投资法。企业投资活动的规范是依照《中华人民共和国公司法》《中华人民共和国银行法》和《中华人民共和国证券法》等相关法律进行运作。尤其值得借鉴的是英国、法国。这两国为一项特大工程可以立法,如英法海底隧道工程法案就是经过英国、法国两国议会通过后形成的专项法律。

通过对发达国家投资体制经验做法的总结,可以看出,推动我国建筑业投资体制改革,一是必须坚持企业的投资主体地位,这是投资体制改革的基础,也是确保企业真正成为自主决策、自担风险的投资主体的前提。二是政府应积极运用政策手段,加强宏观调控,引导民间资本参与投资,通过对产业投资实行政策倾斜促进产业结构的优化。同时,建筑市场应积极培育中介服务组织,规范和健全现有中介组织的职能和机制,使其在投融资体制中发挥纽带和桥梁作用。

1.4 深化我国建设工程投资体制改革的建议

建筑业投资和其他行业一样，是资本与资源的形成，能够带来社会效益与经济效益。现阶段，我国建筑业投资体制不健全导致我国建筑业尚存诸多问题。要从根本上解决这些问题，必须要在借鉴国外建筑业和其他行业投融资体制先进经验的基础上，根据我国改革与发展的要求和现阶段的需要，为我国建筑业的发展拓宽渠道，探索适合我国建筑业发展的投资体制。

1.4.1 放开社会投资领域，调整政府投资范围

近年来，虽然我国社会投资领域逐步扩大，但是发展的速度和情况仍然不是很理想。进一步加大社会投资领域，调整政府投资范围是我国建筑业投资体制改革的重要措施。

逐步改变政府和民间投资比重，加大民间投资领域和范畴，限制政府投资领域和范围。从经济发展的历程来看，政府的职能侧重点随着经济发展阶段的演进而不断发生变化，从而导致政府投资范围的相应调整，在建筑业投资中的比重也呈现不同的特点。一般而言，处于经济发展早期和中期阶段的发展中国家，社会主义市场经济不是很发达，政府投资的领域和范围较大；在经济成熟的发达国家，建筑业中政府投资的领域和范围相对较低。也就是说，经济的发展使一些经济领域逐渐变为社会投资有效的领域。在这种情况下，政府投资的范围就必须加以调整，政府如果介入社会投资有效的领域，就会变成政府失灵。同时，随着经济的发展，社会投资有效的领域不断扩张，从而导致政府投资范围逐渐缩小。

合理界定政府投资范围,建立政府投资工程目录。政府投资主要用于关系国家安全和市场不能有效配置资源的经济和社会领域,原则上限定为公益性和公共性、稀缺资源和涉及国家安全领域工程项目,这类工程环境效益和社会效益较高,但不能取得任何经济利益。由于这类项目缺乏经济利益且具有较强的福利性,它的投资主体应该为政府部门,资金来源主要依赖财政;而对于竞争性和营利性项目,由于它们拥有私人物品的特点,它们有固定的收费对象,能够全部回收投资,而且能够产生资本积累,其中有些项目的投资营利性甚至超过一般竞争性行业,这类项目应允许不同所有制形式的企业以及个体的、联营的、合作制、国有的、跨地区、跨部门、跨所有制的资本,包括国外的资本进入。而政府投资应该从该领域退出,并积极为该领域创造一个公平合理的竞争机制。所以这些项目的投资应让渡给民间资本,由社会投资建设,尽可能利用社会资金建设。

1.4.2 多渠道吸纳社会资金,充分发挥市场融资作用

利用建设工程的市场化经营,把建设运营纳入良性循环轨道;利用资本市场来扩展建设工程资金来源,如利用债券、股票、信托、投资基金、银行贷款、民间资本以及吸引外资等方式,广泛地、多元化地吸引资金推进建设工程的建设与发展。

吸收和利用企业资金,充分发挥企业的投资主体作用。企业是真正的投资主体,是投资体制的基础。市场经济发达国家的企业能成为真正的投资主体,是由投资主体的产权属性决定的。以下几个特点足以表明企业是名副其实的投资主体:第一,企业投资完全由企业依据市场状况自主决策,政府不干预企业投资。第二,企业投资主体的责、权、利三者统一,并承担全部风险。第三,绝大多数企业的项目审批和立项程序

全部在企业内部完成，无须上报和层层审批。第四，企业投资的数量和投向完全由市场调节，虽然有时要受政府的产业政策引导，但政府的产业政策也是根据市场变化来制定的。总之，市场经济发达国家投资体制的基础是企业，其产权属性基本是私有制，并且是众多的中小企业，因而企业比较容易做到投资决策与责任、权利与义务的统一。

积极开拓利用外资的新途径。国际金融组织和外国政府贷款具有融资量大、使用期限长、资金成本低等特点，同时，这些贷款对项目的前期准备、中期监控以及后期评价都有严格的制度和程序，不少项目还附有技术援助赠款，有利于提高我国建筑业技术和管理水平。充分利用以往建筑业筹集外资的经验，继续扩大与提高利用外资的渠道与力度。为鼓励外商直接投资于我国的建筑行业，建议国家进一步明确对外商投资项目上的税金减免、建设用地征用、拆迁、安置补偿等方面的优惠政策，尽量减少外商投资的法律风险和政策风险。为吸引外商投资，对于一些收益水平较低的项目，政府还可以根据实际情况给予外资企业或中外合资企业一定优惠政策和条件，或通过项目组合使外商对建设工程项目的投资达到合理的回报水平。

1.4.3 建立政府投资工程立项标准，实行终身责任制

目前，我国政府投资工程的建设标准很不完善，很多领域仍没有建设标准，即使有建设标准的领域也常常是多年不修订，不能满足发展的实际需要，加快我国政府投资工程标准建设迫在眉睫。因此，急需加强政府投资工程科学决策的基础建设，提高责任追究的科学性，完善政府投资工程立项标准建设，提高政府投资工程的标准化水平。

建立政府投资终身责任制度是一个涉及多领域、多层次、多环节的系统工程，在目前政府投资责任体系还不健全、监督制约机制还不完善

和政府投资管理制度的执行力还有待提高的情况下,按照完善社会主义市场经济体制、与现行国家法律法规有关规定相衔接的基本要求,建立政府投资终身责任制度。

建立政府投资终身责任制,对每一个政府投资工程,分别从工程咨询、投资决策、设计、施工、监理等方面明确责任,并实行责任追究。完善投资制衡机制,加强依法对政府投资工程审计监督,建立工程后评价制度,以及社会、公众和新闻媒体监督机制。制定政府投资工程责任追究办法,从政府投资工程的合理界定、责任追究的主体、责任追究的内容、责任追究的组织实施等方面制定政府投资工程责任追究办法。

1.4.4 完善相关的法律法规,健全法律环境

建筑业要有大的发展,实施规范有序运作,必须有相关的法律做保障。建立相应的法律法规作为保障有助于新的融资方式有法可依,保证改革的步伐,促进政府职能的转变,最终促进整个建设行业的科学发展。

规范企业投资行为。各类企业都应严格遵守国土资源、环境保护、安全生产、城市规划等法律法规,诚信守法,维护公共利益,确保工程质量,提高投资效益。国有企业和国有控股企业应按照国有资产管理体制改革和现代企业制度的要求,建立和完善国有资产出资人制度、投资风险约束机制、科学民主的投资决策制度和重大投资责任追究制度。严格执行投资项目的法人责任制、资本金制、招标投标制、工程监理制和合同管理制。同时,建立健全与投资有关的法律法规,依法保护投资者的合法权益,维护投资主体公平、有序竞争,投资要素合理流动、市场发挥配置资源的基础性作用,规范各类投资主体的投资行为和政府的投资管理活动。

当前建筑活动严格执法是完善法制环境的重要手段。尽快克服一些地方和部门存在的有法不依、执法不严、违法不究，甚至执法违法的现象；要强化司法公正观念，克服地方保护主义，平等保护国内外各类投资主体的合法权益。此外，要建立与社会主义市场经济体制相适应的健全统一开放的新型投融资体系。

1.4.5 转变政府职能，提高建设工程投资效益

在市场经济条件下，政府的主要任务是解决市场失灵问题，其主要职能是做好宏观调控、社会管理和公共服务。因此，要想建设工程投资体制更加有效，首先就是要转变政府的职能，明确政府在投资运营中的角色，并更加有效地运用资金。一是要解决好政府财政的定位问题，使政府专注于应尽的职责，将有限的财政资金从竞争性领域撤出，更多地投向非经营性建设工程，同时适当引入竞争机制，特别是在经营性建设工程和准经营性建设工程中引入。二是进一步完善公司法人治理结构，实现政企分开。一方面，政府对国家出资兴办和拥有股份的建设工程企业，要通过出资人代表，按出资额行使所有者职能，不具体干预企业日常经营活动。另一方面，对企业经营者的选择、激励和约束可移交转移给企业，加强和改善国有企业的管理。这样，政府就可以专注于行政管理权，而由专职部门或企业来代管、代行投资经营权，从而提高基础设施的投资效益。

具体的做法是，一方面将政府投资工程与非政府投资工程严格地区分开来，对两类工程实施不同的管理。前者强调建立政府投资专门机构，借助社会中介机构的力量直接实施管理；后者则强调用市场的办法进行调控，政府只管建筑市场秩序，建筑物安全、施工安全和环境、卫生等。另一方面，将政府投资工程进一步区分为非经营性政府投资工程和经营

性政府投资工程，实行不同的管理方式对经营性政府投资工程仍然坚持项目法人责任制，设立专门的管理机构进行管理。在工程的建设方式上，可以更多地选择"代建制"的方式，充分培育和利用工程管理市场，发挥社会上专业化的工程管理组织的作用，最大可能地提高建设和管理水平。

1.4.6 完善中介服务体系，规范服务行为

加快投资市场中介组织（包括设计、会计、审计、咨询、监理等）的企业化和市场化进程，规范其服务行为。各种投资中介组织要按照政企分开的原则，与政府部门脱钩，打破行政性的行业垄断和地区分割，以其执业信誉和服务质量进行公开、公平、有序的竞争。对工程设计、咨询、施工和监理等一律实行招标投标，引进必要的国际竞争。通过加强对投资建设领域中介服务收费标准的监督管理，建立自律性行业协会，建立资信评定、分级制度等措施，实现各项中介服务规范化。

第 2 章
建立政府投资工程管理体系

近年来，随着经济的快速发展，政府投资力度进一步加大，保证了重点项目顺利建设，对加快城市基础设施建设、推动区域经济发展起到了非常重要的作用。自《国务院关于投资体制改革的决定》颁布以来，全国各地均开始推行政府投资建设工程管理模式的探索和试点工作，并取得了一定的成效，主要试行模式有"代建制"模式和"工务局"模式。但新的管理模式在获得成效的同时，也衍生了很多问题，例如：代建机构法律定位不明确、责任归属不清晰、资质管理不规范、费用标准不统一等，政府投资项目投资效率低下、权力寻租和腐败现象普遍存在等问题仍未能从根本上解决。建立健全适合于我国经济发展的政府投资工程管理体系，从政府行政监管层面和项目管理层面规范政府投资工程投资、采购、建设和运营的全过程管理和控制，是我国政府投资体制改革的迫切需要。

2.1 我国政府投资工程管理现状及主要问题

2004 年 7 月国务院颁发的《国务院关于投资体制改革的决定》（以下简称《决定》）对政府投资工程进行了系统、全面、完整的论述，明确了建设工程项目按照投资主体不同分为政府投资和市场投资,并提出了分开管理的实质性举措,成为我国近期政府投资管理体制改革的重要依据。该《决定》按照"谁投资、谁决策、谁收益、谁承担风险"原则,对政府投资体制提出了如下改革措施:一是合理界定政府投资职能与投资范围;二是健全政府投资项目决策机制;三是规范政府核准制和投资资金管理;四是改革项目审批制度,简化政府投资项目审批环节,合理划分审批权限;五是加强政府投资项目的管理,改进建设实施方式,对非经营性政府投资项目加快推行代建制;六是引入市场机制,充分发挥政府投资的效益;七是建立和完善政府投资监管体系。明确提出投资体制改革的目标模式——通过深化改革和扩大开放,最终建立起市场引导投资、企业自主决策、银行独立审贷、融资方式多样、中介服务规范、宏观调控有效的新型投资体制。

2019年7月1日实施的《政府投资条例》是国家尝试从法规层面规范政府投资的内容、投资方式、决策程序、投资年度计划、建设实施、资金管理以及投资决策责任追究的重要举措,对规范政府投资行为、提高投资效益有积极作用。然而,这只是我国政府投资工程管理向规范化、科学化、民主化发展的第一步,目前我国政府投资工程管理仍存在诸多问题详见表2-1。

表2-1 我国政府投资工程全过程管理中存在的问题和影响因素

阶段	存在问题	影响因素
前期阶段	可行性论证不充分	可行性论证缺乏科学性、客观性,可行性研究报告格式不规范,内容不详细
		长官意志、政绩工程思想影响严重,"可行性成变""可批性"
		咨询评估和专家评审尚不成熟,缺乏独立性和实事求是态度
		投资控制意识不强,估算不准确
	工程概算缺乏约束力	设计概算编制过于粗糙和简单,工程概算计价不准确
		计价模式不完善,定额与工程量清单缺乏衔接
		工程定额具有静态性、计划性、滞后性,难以准确反映实际投资

续表

阶段	存在问题	影响因素
设计阶段	设计质量低	设计招标不科学，设计单位能力和素养欠缺
		前期地质资料不足，勘察设计深度不够
		对设计人员的约束和激励机制不健全，设计精度不高
		设计与施工脱节，可施工性低
	技术与经济分离	设计单位缺乏控制投资的动力与压力，重视新技术、新工艺的运用，未充分考虑项目的适应性
		多方案的比选、限额设计、价值管理、工程寿命成本分析等投资控制手段应用不成熟
招投标阶段	工程招标不规范	招标范围和方式不明确，招标程序不规范、不透明，人为干扰因素较多，行政干预过多
		对项目业主的约束和激励机制不健全，业主通过逃避招标、虚假招标获取利益的风险成本小
	招标效率低	标底价格编制、评标方法不利于鼓励投标人的公平竞争
	合同文本不完备	合同选择不适宜，文本内容不完备，合同条款不清晰，尚未形成政府投资项目的标准合同文本
施工阶段	合同管理水平低	合同执行过程中管理不严，变更、签证不规范，导致大量的不合理变更和索赔
	工程价款资金管理不规范	工程变更价款计算不准确，价款支付不及时
		EVA等先进的资金管理工具和财务管理手段尚未广泛采用
		资金支付对象不明确，拨付程序不严格、不透明
	项目监理效果欠佳	监理受雇于建设单位，缺乏独立性
		监理人员能力和道德水平不高，缺乏专业性、公正性
	工程变更、索赔频发	设计漏洞多，不符合实际情况
		工程风险分担机制不科学、不健全
		工程反变更、反索赔处理工作不到位
竣工阶段	竣工验收不规范	工程质量责任体、责任期不明确，权责划分不科学，责任追究不到位
		验收过程不科学，验收部门"走马观花"，验收人员不具备专业知识
		验收法律依据可操作性不强，验收范围和方法随意性大
	工程结算审核不严	对工程概算重视不够，工程结算审核依据不具体
		工程结算审核程序和结果透明度不够，存在较大的虚报、假报工程款的空间

2.2 建立健全适应市场经济的政府投资工程管理体系

我国政府投资工程存在的问题,要从根本上解决必须对现有制度和体制进行革新,建立一个健全的适应市场经济发展的政府投资工程管理体系。构筑政府投资工程管理体系可以从政府投资行政监管层和政府投资项目管理层进行。

2.2.1 完善政府投资行政监管体系

政府投资行政监管层面是投资控制的关键,要通过有效的监督约束和适当的激励解决政府的双重角色的特殊性以及"政府失灵"带来的投资约束软化的问题。对此,不少学者提出依靠监督机制对政府组织和政府官员的权力进行约束,克服政府投资项目中政府代理的政府失灵问题,提高政府代理效率。政府权力约束机制可以通过以下几个方面进行构建:一是构建法制基础,以法权制约行政权;二是改革预算制度,加强财政监督;三是在政府职能中引入竞争,优选代理人——政府公务员;四是打破政府的信息垄断,加强民主监督和舆论监督。在此基础上,政府可以选择以下措施来约束政府官员的腐败行为:一是实行选择性激励政策,加强监督力度;二是加重对腐败者的惩罚力度,加大腐败的机会成本;三是提高官员的收入,实行高薪养廉;四是扩大信息披露范围,提高办事的透明度,减少公共权力委托代理信息的非对称分布;五是精简膨胀的官僚队伍,包括缩小政府干预经济范围;六是加强法制建设,规范操作行为,堵塞漏洞。英国阿克顿说:"权力导致腐败、绝对权力导致绝对腐败。"对于政府权力的监督,法治国家权力制约、监督的三大思路是"以权力制约权力""以权利制约权力"和"以社会制约权力"。

根据我国的实际情况,我国构建政府投资行政监管体系应从以下几个方面进行。

(1)界定政府的活动范围,规范政府责权范围。要克服政府投资项目中的政府代理问题,需要合理界定政府的活动范围、规范政府的投资行为,旨在将政府失灵限制在最小范围内。明确市场在资源配置中的基础性作用,合理界定政府和市场在公共品配置中的职能划分,对于公共领域中的准公共产品,采取由市场参与运作,鼓励和吸引私有资本及外国资本介入公共投资领域,而政府主要针对公共投资领域中关系国家安全和市场不能有效配置的部分投资。对政府投资项目的管理职责进行明确划分,以充分利用社会专业机构的专业优势,保留政府投资项目的发展规划、立项决策、建设管理和运营监督方面的职责,而将项目的可行性研究、设计、建设和建成后的运营管理交由社会专业机构负责。这样可以既充分利用社会各专业机构的专业优势、减少政府垄断经济的范围和程度、缩小政府失灵的影响范围,又可以使政府有更多精力投入宏观管理。同时,明确了各级政府的职责,公共投资主要由地方政府来实行。中央政府主要是用法规、规划和资金补助等手段调控公共投资。

(2)合理划分政府部门责任界面,建立有效的问责制。在政府投资项目的投资管理中,政府作为资产所有者的管理职责是有别于政府作为经济管理者职责的。对于由公共财政出资建设的政府投资项目,政府采取直接控制的方式,审批项目投资规模、按预算拨款、选择项目建设的项目管理公司、对项目的定价和赢利分配做出限制等方式进行监督。而政府这一抽象概念的代理人职责,是由各部门分别承担的。因此,应明晰各部门在政府投资项目管理中的职责界面,明确项目投资控制中各环节的责任主体,避免责任推诿。同时,制定严格透明的工作程序,政府投资工程的每个过程和每个环节,都要按照具体的规定和严谨的程序执行,从而有利于各方面的审查和监督。例如,制定科学、公开、透明的决策程序和评估标准,充分利用专家委员会、社会咨询机构、公开的听证会,并通过各种传媒向公众公布规划草案和拟立项目,以确保政府投资项目投资决策的科学性和公共投资效益的最大化。合理划分政府部门责任,能够有效减少政府代理中的信息不对称,并为责任追究提供依据和基础,有效抑制政府部门和官员在政府投资项目投资管理中的机会主义倾向。建立有效问责制,使各部门和政府官员的决策和监管效率与其切身利益(政治地位、个人声誉等)密切关联,能够使政府部门和官员的"经济人"行为的合理选择向努力实现投资目的的方向转移。

(3)健全和完善政府投资项目的监督体系。政府投资项目的监督体系,包括政府部门对政府投资项目建设实施中管理单位等企业代理人的监督、对政府部门在政府投资中执行决策和监督职责的监督。在这个体系中,政府部门既是监督者也是被监督者。从解决政府代理问题、规范政府代理人的角度来说,政府投资项目监管体系包括内部监督和外部监督两个层面:依靠对各部门权力的划分和制衡、政府投资项目投资控制责任的追究机制,实现对政府部门的内部监督;通过建立规范化和制度化的公众舆论监督,使公众的意见和建议能够通过完善的制度反映到政府部门,形成制约官员行为的决定因素。通过构建由人大、政府部门、公众舆论等组成的多方面的监督体系,实现政府投资项目各级代理人的监督和约束机制,达到有效控制政府投资的目的。

总而言之,对政府的约束机制可以分为内部监督机制、外部监督机制。内部监督机制:通过对政府部门权力的制衡和行为的规范,来实现行政权内部的自我约束和规范,并在此基础上构建具有操作性的责任追究机制。外部监督机制:通过独立的专门的监督机构和公众的监督,实现对政府投资控制项目中政府行为的约束。

第一，内部监督。政府投资项目行政监管的内部监督主要依赖于健全的责任追究制度。目前，国家尚未出台政府投资项目决策失误的责任追究制度。一些政府投资项目管理办法虽然对违反项目管理的有关行为应承担的法律责任都有规定，但是这些规定的操作性和权威性都远远不够，并不能有效地控制项目建设规模和标准。其中也没有对超概算行为的有效的、明确的处罚规定，也没有明确和充分发挥监察部门的作用，使其缺乏应有的威慑力和制约力。因此具有可操作性的责任追究制度是实现政府在政府投资项目投资控制中的行政监管职能的关键。合理的问责制度要建立在政府投资项目的绩效评价结果的基础之上。由于政府投资项目的绩效评价的客观性、独立性决定了责任追究的权威性，因此绩效评价和责任追究均应由独立的、专门的政府投资项目稽查机构负责。

第二，外部监督。我国监督体系存在的"自己监督自己"的问题，权力制衡薄弱。对此，应在政府投资监管体系中建立独立政府部门，隶属于最高权力机关的监督机构，以保证政府投资行为的有效监督。发达国家和地区（如英国、美国等）都在政府投资监管体系中设置独立的监督机构，例如：英国的国家审计署、美国的联邦审计署都是独立于各部门的监督机构，有权对各部门的支出和资金使用进行审查和监督，只对国家最高权力机构（国会、议会）负责，可以规避政府部门的"长官意志"所造成的监督无效。

第三，社会公众监督。社会公众是公共项目的直接受益者，对公共投资项目的实施效果具有最直接的认识，是人大和政府监督的有益补充。为充分发挥公众对公共投资的监督职能，需要形成对政府投资项目相关信息的披露机制，解决信息不对称的问题，并为公众监督提供发表意见的有效的渠道。公众对政府投资项目监督作用的实现，依赖于有效的公众监督机制，主要包括以下三个方面：一是对政府投资项目投资管理全过程的公开化，增强投资运行的透明度，使项目投资决策、招投标、采购等易于发生寻租和不规范行为的关键环节公之于众，接受公众监督；二是建立完善的举报系统，为公众监督提供有效途径，并加大举报人员保护力度，制订举报办法和奖励措施，对举报有功人员进行奖励；三是实行违规行为处理结果公示制度，对违规事件、直接责任人以及具体处理、处罚情况在有关媒体上进行公示，接受群众监督。

（4）完善政府投资工程法律法规体系。法律法规是约束和规范行为的最高权威的正式制度安排，由于政府投资行为和活动的特殊性，应该针对政府投资制定相应的法律法规。政府投资范围、政府部门权责界定、政府投资的监督体系，都应在法律法规上予以明确说明。这样可以避免政府部门自由裁量导致的不良后果，通过有效的约束和监督机制来规范政府投资行为。目前，我国政府投资的特定法律法规尚显不足，而已经颁布实施的法律法规和文件对政府投资领域的规定（如投资范围、权责分配、责任追究、监督机制等）都过于笼统、过于宽泛，规定不具体、不清晰，以致这些规定在实际执行过程中并不具备有效的操作性，相关部门较为随意、无法达到约束和规范作用。我国从立法程序、立法内容、立法论证等方面加强政府投资法律体系建设，通过提高法律法规的精确性、严谨性和可操作性来确保法律条文不可侵犯的权威性，从而有效约束和规范政府投资管理行为，最终提高投资效益。

基于以上分析，我国政府投资工程行政监管体系构建如图2-1所示。

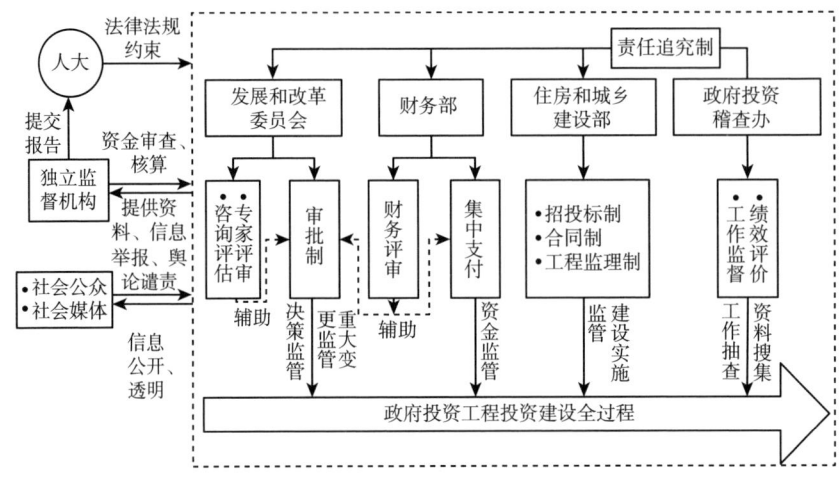

图 2-1 政府投资工程行政监管体系构建

2.2.2 建立全过程的政府投资工程项目管理体系

政府投资工程通常投资大、工期长、风险大、影响面大。对政府投资工程进行高效建设管理、提高其管理效率，可以为社会创造巨大的效益。相反，如果管理不当，那么将会造成社会资产的巨大浪费。目前，我国的政府投资工程在项目管理模式、管理方法、管理制度配套上都存在很多的不足之处，应从以下几个方面进行完善。

（1）完善政府投资工程管理的制度配套：

第一，完善招投标制度，加强对招投标全过程监督，招投标制度是政府投资项目交易的重要方式。招投标可以公开、公平和公正地优选承包商。招投标制度强调了政府采购的公开性和透明性，使政府采购能够广泛接受各方监督。我国《招标投标法》早已实行，但是工程招投标的健全完善还要做大量的工作。

加强对政府投资项目招投标活动的全过程监管。对政府投资项目交易市场的监管既要依法对工程招投标活动实施监督，又要加大对中标后工程实施全过程进行监督检查（依法查处层层转包、违法分包等违法行为）。目前，事前、事中的监督管理较多，事后的监督较少，所以要督促建设工程各方主体严格履行合同，严格按工程建设基本程序办事，尽快建立勘察、设计、施工、建设单位的合同及分包合同备案制。

健全和完善有形的建筑市场。实践表明，在我国现行的建设体制和市场运行机制下，有形的建筑市场是解决规避招标、招投标弄虚作假等问题的一种有效途径。有形的建筑市场的出现将工程招投标活动集中在一个固定的场所内进行。这不仅增强了透明度，也便于政府实施有效监督。政府投资项目依法必须进行招标的都应该进入有形市场进行招投标活动，由政府有关部门依照法律法规对相关的工程招投标活动实施监督。

除了严格按照招标评审工作程序，完善评标专家管理制度，加大对有形的建筑市场的监管力度之外，招投标中的几个重要环节必须改进：一是推行合理的最低价中标，将投标人之间竞争的内容直接锁定在价格上；二是实行工程量清单计价模式，提供一个由市场形成工程价格的平台。

第二，严格合同管理。合同管理必然是工程项目管理的核心，贯穿于工程实施的全过程。由于工程合同周期长，工程价值量大，工程变更、干扰事件多；因而合同管理是工程项目全过程造价管理的核心和提高管理水平、经济效益的关键。

政府投资项目要有适合政府投资项目的专门合同条件，赋予政府业主特殊权力。在西方发达国家，政府工程采购是一种政府的购买行为，必然通过合同这一唯一交易媒介进行，受到有关合同法律法规的约束，并且有专门的政府投资项目施工合同文本专门赋予政府业主特殊权力。例如，美国的政府投资项目施工合同条件中的特殊条款的主要内容就包括：一是承包商在履行政府投资项目的合同过程中，如果政府确认承包商违约、在合同执行过程中延期严重或者是违反了合同，政府可以单方面中止合同。二是政府还有权力可以在任何政府认为"符合政府利益"时中止合同。这种中止情况称为"为政府利益而中止合同"。它有很广泛的适用性，政府可以从别处以更低的价格采购到此商品或服务时中止合同。合同中的各方，除了政府之外，都没有这种独特的权力。

应采用单价合同，以有利于工程变更和支付控制。政府投资工程项目采用工程量清单型的单价合同。这是国际惯例，也是FIDIC合同条件所适用的合同类型。工程量清单型单价合同是根据设计或施工图纸，并根据标准工程量计算方法将工程分解成分项工程。单价的每一项中都对要完成的工程写出工程细目名称和相应的工程数量。承包商对每一工程细目都填入单价，单价与工程量相乘后得出合同价。这种合同形式更适合在政府投资项目实施政府采购的集中管理，可实现政府采购款的资金直接拨付、统一管理；便于进一步加强政府投资工程项目实施按项目进度支付工程款的控制，也便于工程变更和索赔款的支付管理和控制。

政府投资项目施工合同条件应有特殊的支付程序。在我国工程项目施工合同文本中，对于资金支付的有关规定涉及的内容大致包括以下几个方面：工程预付款的支付、工程进度款的支付、竣工验收与结算、工程变更、索赔、工程分包、其他费用。在政府投资项目代建制管理模式下，为了加强对政府投资项目采购的监管，在财政部门内部明确一个主管部门，并由财政部门归口管理政府投资项目的资金支出。因此，可以在政府投资项目工程款的集中支付上增加财政投资评审的程序和内容，明确财政投资评审机构的地位和支付控制和变更控制程序。

第三，完善工程交易的保障机制。担保和保险是合同能够顺利履行的重要保证。即使在市场信誉很好的、发达的市场经济国家，在建设工程领域也有很健全的担保和保险制度。这两项制度有如下三个方面的功能：一是增加对建设工程当事人严格履约的约束力；二是降低追究违约责任的成本；三是转移当事人无法承担的工程风险。工程保险是指业主和承包商为了工程项目的顺利实施，向保险人（公司）支付保险费，保险人根据合同约定对在工程建设中可能产生的财产和人身伤害承担赔偿保险责任。在国际上，强制性的工程保险主要有以下几种：建筑工程一切险，附加第三者责任险；安装工程一切险，附加第三者责任险；社会保险；机动车辆险；十年责任险和两年责任险；专业责任险。

工程担保是工程风险转移措施的又一个重要方式。它能够有效地保障工程建设的顺利进行。许多国家都在法规中规定要求进行工程担保，在标准合同条件中也含有关于工程担保的条款。国际上，常见的工程担保种类有：投标担保、履约担保、预付款担保、维修担保、反担保、付款担保、业主支付担保、分包担保等。

（2）在非经营性政府投资工程中推行集中的专业化项目管理模式。目前，我国在非经营性政府投资工程中推行"代建制"，而不管是政府机构的"代建制"模式还是市场化的"代建制"模式，都存在着不可回避的缺陷：政府的集中建设机构臃肿、非专业、权力过大，市场的项目管理公司委托代理风险难以规避、市场准入机制确立困难等。针对政府投资工程的特征，有必要在明确规定权限和职责的基础上，在各地方组建不同类别（房屋、水利、基建等）的专业化集中建设机构。分类组建既可以避免机构过于臃肿、权力过于集中，又可以保障建设和管理的专业性的机构。而政府性质的机构能够更好地代表公众利益，避免过于追求市场利润而损害公众利益的风险。市场化的专业项目管理公司可以作为政府投资建设的辅助，在必要阶段提供技术咨询服务。

从国际经验来看，对于政府投资项目，发达市场经济国家一般都设立专门机构代行业主职能，实施全过程、专业化的集中建设管理，竣工验收后移交使用单位。美国、英国、德国等发达国家和我国香港地区的集中建设机构作为业主，实施项目较多、经验丰富，本身具有较强的项目管理能力。只有在项目规模大、技术复杂或本机构人员不足、管理能力欠缺时，才会委托专业化项目管理公司作为咨询服务机构，协助管理。例如：美国加州交通厅8000位专职工程师，负责对加州政府出资的交通项目监督和管理；德国联邦建筑业城市建设部下设16个直属建设局，有近1.1万名国家公务员，直接承担联邦政府投资项目建设；加拿大联邦政府及其地方政府均设有负责政府投资工程管理的专门机构，其中，公共工程服务部下设太平洋、魁北克、大西洋、安大略和西部5个地区办公室，有1.4万名公务员专门负责联邦政府投资项目建设管理；我国香港特别行政区的政府投资工程由环境运输工务局下属的7个工务部门及房屋委员会以及其下属的房屋署进行管理。其他国家和地区的管理模式也大多类似。

政府集中建设管理机构的组建和运作应从以下几个方面保证管理效率。

一是明确机构职能定位。非经营性政府投资工程管理机构的性质是建设单位，代政府行使业主职能，对政府投资工程实行相对集中建设，而不具有政府的管理职能，经费由政府财政保障。其管理的项目应局限在政府投资项目的实施阶段（组织实施、招标公告、施工监管、计量支付、合同管理、竣工验收等），尤其是要在办理设计与施工许可的手续上取代项目业主的地位。集中建设机构应对政府投资工程全面负责，包括：成本控制、进度控制、质量控制、合同管理以及其他项目管理工作。

二是集中建设管理机构应与相关部门既相互制约又密切配合。在政府投资项目实施的过程中，使用单位以及国家发展改革委员会、财政部、人民代表大会都要以不同的形式参与并密切配合，同时相互制约；保证政府投资项目的效率和效益。使用单位提出的项目建议书经批准后，代建机构应会同使用单位进行可行性研究。项目的设计审定以及工程竣工验收这两个环节，必须经过使用单位的审查。计划部门要对项目的可行性和预算进行审定，并且投资较大项目的预算还要经人民代表大会批准后方可继续进行。在项目实施阶段，代建机构进行建设管理，工程款虽然需要经代建机构签证后才可支付；但代建机构不掌握资金，由财政部门负责工程建设资金的集中支付。

三是根据项目类型设立多个建设管理机构。实行集中代建模式后，代建机构享有传统建设模式下单个业主更大的权力，且极易形成垄断。另外，考虑到我国项目众多、专业门类齐全，由一家机构集中管理难度较大。因此，我国可借鉴美国成立多个代建机构的做法，设立 $3\sim5$ 个专业机构将所有政府投资项目实行相对集中管理（即由政府专业机构行使业主的职能，对政府投资工程的实施进行包括招投标、设计、施工及竣工验收等全过程的集中管理；建设完成后，再交付需求部门使用）。但这样的主管机构在政府投资工程的实施中只行使业主的职能，不具有政府的管理职能，因而其工程依然要采用一般工程的运作模式。

四是严格控制建设管理机构的规模。世界各国的集中建设机构为克服机构臃肿、支出庞大难题，大多都有"瘦身"的经历。例如：美国联邦总务署员工从鼎盛时期减少了 60%，其主要措施是：在实行集中代建的同时，聘用项目管理公司提供管理咨询服务，同时削减集中代建机构的规模，集中代建机构由直接管理项目的业主转变为选择和委托代建单位、监督代建项目实施的委托人。我国除了可以借鉴类似的方法之外，还可以采用控制正式员工数量、撤销相关部门中设立的基建处室、以合同方式聘用专业人员等方式降低成本、提高管理效率等措施。

2.2.3 完善政府投资项目投融资体系

我国政府投资项目投融资改革的基本思路是：非经营性项目由财政融资，经营性项目充分发挥市场机制作用，积极引入社会资本，实行商业化运作，通过加强政府监管保证公共产品的生产与运营。在推进改革的过程中，应加强以下几个方面的工作。

（1）调整政府在投融资领域的职能定位。投融资体制改革滞后的根本原因在于政府配置资源的行政审批控制手段并没能从根本上转变。在市场经济体制下，政府在投融资领域的职能定位应是为投融资活动创造良好的环境，而不应是审批具体项目或直接参与投资（即从政府配置资源向市场配置资源转变）。市场配置资源反映社会需求导向，有利于提高投资质量、改善投资效果；政府配置资源则难免蜕化为领导者利益导向，从而诱发热衷于"上项目""出政绩"的投资活动，出现"投资饥渴症"。另外，在行政审批制度下，投资决策权集中于并不承担项目风险与建设责任的审批机关，没有一个主体能够对项目的筹资、建设、经营、偿债及获益全面负责，必然带来责任主体的缺位，进而衍生种种弊端。因此，推动政府投资工程的投融资健康发展的首要工作是转变政府配置资源方式、简化审批流程、加强市场监管；并以创造良好的市场竞争环境为主要工作。

（2）积极引入社会资本，充分发挥市场机制作用。一是解放思想，转变观念。在市场经济条件下，政府已不再是公共产品的唯一提供主体，政府的职责是满足公共产品的需要，但公共产品的投资、生产与运营完全可以交给市场。发达国家的经济发展经验表明，通过竞争方式吸引私人资本承担公共事务，是构造低成本、高质量的公共产品供给体系的有效途径。

二是打破垄断，放宽市场准入限制条件。开放以前，由政府垄断投资与经营的领域，积极探索吸引民间资本的投融资方式，以特许经营权等方式吸引民间资本。当前，首先应在铁路、机场、能源、市政基础设施和公用事业等社会资金容量大的准经营性政府投资领域放松管制，消除融资歧视，对于以政府特许权形式引入私营资本的建设项目，要全面引入竞争机制，以招标方式选择经营者，以合同形式来规范经营行为。

三是以市场化运作为导向，实现政府项目管理体制和机制创新。要借鉴奥运场馆及相关设施的项目法人招标、引进市场竞争机制，形成"政府主导、市场运作、社会参与"的做法，吸引民间资本参与社会公益项目竞争和建设，发挥其投融资、建设、经营、管理的积极性和经验，打破政府投资、主管部门经营、经营亏损财政补贴的旧体制模式。

四是市场化运作融资，分散筹资风险。要充分发挥政府的组织、协调、引导作用以及政府信用和政策的杠杆作用，引入竞争机制，利用各种筹资渠道和方式来筹集资金，分散筹资风险，减少筹资成本，降低资金筹措难度。

五是改善对私人提供公共产品的管理。民间资本进入公共产品领域后，政府一方面要加强监管，鼓励竞争，防止形成新的垄断，避免产品质次价高、降低服务标准、损害公众利益等情形发生；另一方面，在引导社会资金投入公共产品领域时，政府要综合运用直接投资和间接投资手段（投资补贴、投资抵免、投资贷款贴息等），保证公共产品的需求，保障民间投资的收益。

（3）大力发展资本市场，不断改善融资结构：

一是积极发展以产权交易市场、股票和上市债券市场为代表的直接融资市场。产业投资基金在我国还处于起步阶段，利用资本市场良好的退出机制，发展空间很大。市政债券融资成本低、免税、期限长（可以长达三四十年）、流动性高（随时可以转让）等特点，能够有效缓解我国基础设施建设资金的不足，但要合理设计债券规模、结构与期限，防范信用风险。还有部分收益和回报较稳定的项目，要充分运用资产剥离、信用增级等方式，通过资产证券化实现公开市场直接融资。

二是综合运用多种项目融资方式和金融工具。根据项目特性，灵活选用PPP、BOT、BTO、BT、特许经营权、租赁、转让权等多种项目融资方式。通过与金融机构广泛、深入的合作，盘活存量资产和未来收益，发行信托产品和市政公用事业债券，积极吸纳利用民间资本和海外资本，在人民币升值的大趋势下，可以通过在境外发行外币债券降低融资成本等，提倡和鼓励政府与私人合作，吸引民间资本进入公益事业建设。

三是利用项目融资有限追索权的特点，逐步从投融资平台直接融资转向通过二级平台或由项目公司直接融资，降低投融资平台的直接风险。

四是以优化结构、降低成本为目标，不断完善间接融资体系。一方面，调整举债方式，适度增加城投等市政债券发行规模，减少对银行贷款的过度依赖，扩大资金来源。另一方面，改善贷款结构，积极争取包括世界银行和亚洲开发银行在内的长期优惠贷款，减少商业信贷的短期资金比重，增加长期贷款规模，优化融资结构，降低成本，缓解还本付息压力。建立健全政府资金的退出机制。在政府资金投入领域，除去必须全面由政府投入和控制管理，不容许民间资本进入的领域都应建立退出机制。政府资金的退出主要选择市场退出的方式，除了以产权转让方式退出之外，还可以经营权转让的方式退出，主要是在具有一定盈利能力的公共基础设施建设上，通过租赁的方式逐步将投入的政府资金转出。

第 3 章
改革现行建设工程管理体制

建筑业是国民经济的支柱产业,就业容量大,产业关联度高,全社会50%以上固定资产投资要通过建筑业才能形成新的生产能力或使用价值,建筑业增加值约占国内生产总值的7%。建筑业的技术进步和节地、节能、节水、节材的水平,在很大程度上影响并决定着我国经济增长方式的转变和未来国民经济整体发展的速度与质量。建筑业接纳了农村近三分之一的富余劳动力就业,在解决"三农"问题上发挥着重要的作用。

但是,在计划经济向社会主义市场经济转型过程中,建筑业在发展过程中伴生诸多乱象:投资体制改革滞后,国退民进举步维艰;地方保护,行业垄断,有市场壁垒;工程拖欠严重,政府投资工程管理薄弱;质量安全事故频发,危及公共安全;企业主体地位模糊,可持续发展难以为继;人员素质较低,创新能力不足,粗放管理突出;行业管理落后,社会诚信缺失,政府监管效率低下。现行工程建设管理体制有待进一步完善。

3.1 建设工程管理体制的改革与发展

3.1.1 建筑业改革的发端

在 1978 年开始的中国社会经济巨大变革中，建筑业快速接收改革信号，在所有制结构调整和生产力快速发展的双重驱动下，开始了自身的发展和蜕变，最终成为拉动国民经济快速增长的重要力量。

中共中央文献研究室记载，1980 年 4 月 2 日，我国改革开放的总设计师邓小平同志在同中央负责同志谈话时，对长期规划中建筑业的地位问题提出了指导性的意见。邓小平同志提出："要改变一个观念，就是认为建筑业是赔钱的。应该看到，建筑业是可以赚钱的，是可以为国家增加收入、增加积累的一个重要产业部门。"

国家建委、国家计委、财政部、国家劳动总局、国家物资总局联合发布《关于扩大国营施工企业经营管理自主权有关问题的暂行规定》（以下简称《暂行规定》），拉开了建筑业体制改革的序幕。

《暂行规定》明确，企业在保证完成国家下达任务的前提下，有权根据本身条件和社会需要，自行承揽部分施工任务或发展为施工服务的多种经营。《暂行规定》提出恢复建筑产品 2.5% 的法定利润，扩大企业财权，实行降低成本留成。建筑企业法定利润三年内不上缴，全部留给企业；三年后，在扣除营业外支出和按规定提取的企业基金后，50% 上缴财政，50% 留给企业。这种让企业财产直接和经营状况挂钩的政策，彻底改变了过去建筑企业了没有生机的状况，大幅提高了企业的生产积极性。

对于在计划经济体制中走过近 30 年的建筑企业来说，《暂行规定》

中的内容一方面是给企业松了绑，另一方面也给企业打了一剂有效的强心针，让建筑企业重新焕发生机和活力。

经历了几年的尝试和实践，建筑业的体制改革取得了一系列的突破性进展。招标承包制逐步展开，工程质量实行政府监督有了良好开端，企业内部各种形式的经济责任制日趋完善，全民、集体、个体多种经济形式协调发展，勘察、设计单位逐步向企业化转轨等。

1984年9月18日，国务院颁发《关于改革建筑业和基本建设管理体制若干问题的暂行规定》，明确规定了建筑业改革的内容、方向和各个方面的具体办法，我国建筑业进入全面改革的新阶段。

3.1.2 建筑业改革的阶段划分

建筑业改革可以分为三个阶段。

（1）建筑业改革探索阶段。1978—1991年，建筑业解放思想，放弃计划经济体制向商品经济体制转变。

这一时期的改革充满争论，"摸着石头过河"，以"不管黑猫白猫，抓住老鼠就是好猫"现实发展思想冲击着固有的封闭思想。

建筑业在计划经济时期的一些规定一个个被打破。合同管理、竞价招标、钢材和水泥等建材价格改革、经济刺激等市场经济运行机理和原则，逐步得到认可和施行。建筑业改革探索阶段大体经历了三个过程：放权让利、利改税、承包经营。

第一，放权让利。党的十一届三中全会使我国实现了从"以阶级斗争为纲"到以"经济建设为中心"的历史性转变。1978年，国务院发布《中共中央关于加快工业发展若干问题的决定》，明确企业是生产单位，必须以生产为中心，实行党委领导下的厂长负责制；提出当前最迫切的任务是扩大厂矿企业的生产自主权，发挥企业生产上的主动创造精神。

国家从政策层面对企业调整,颁布了《关于扩大国营企业经营管理自主权的若干规定》等一系列"放权让利"的改革措施,下放建筑企业自主权。建筑企业开始走向以搞活经济为目标的思想解放和改革探索之路,开始了国有企业放权让利改革。

第二,利改税。1980年政府调整了企业利润留成方法,在企业经营层面推进改革,使建筑企业获得更多的留利。明确企业经营收益不再以利润形式全部上交,而实行以税收形式部分上缴国库。确立了企业的独立利益,刺激了企业的生产积极性,推动了企业逐步建立自负盈亏的经营机制。

第三,承包经营。实施利改税后期,企业效益一度整体下滑。

1986年,国务院下发《关于深化企业改革增强企业活力的若干规定》,明确简政放权,改善企业外部条件,扩大企业经营自主权,促进企业内部机制改革。

1987年,建筑业推广"鲁布革"管理经验,以"管理层与劳务层"分离为标志,建立项目经理负责制、项目成本核算制和企业内部模拟市场,在全国范围推行企业承包经营责任制。

但是,企业层面的承包制实行多年之后,其弊端也逐渐显现,迫使国有建筑企业开始探索新的改革之路。

(2)建筑业市场化改革创新阶段。1992—2000年,建筑业突破商品经济体制向社会主义市场经济体制转变,全面推进建筑业市场化改革创新。

1992年邓小平同志在南方讲话时提出"计划不等于社会主义,市场不等于资本主义"的著名论断。党的十四大确定建立社会主义市场经济体制是经济体制改革的目标,明确社会主义市场经济的基础是公有制为主体、其他经济成分为补充。党的十四届三中全会通过《中共中央关于建立社会主义市场经济体制若干问题的决定》。建立适应市场经济要求的"产权清晰、权责明确、政企分开、管理科学"的现代企业制度。建筑企业改革进入探索建立现代企业制度阶段。

"发展才是硬道理。"建筑业进行战略调整，按照"有所为有所不为"的思路，把没必要保留的国有企业，进行非国有化改革；对仍然保持国有性质的国有企业进行公司制改造。

从1998到2000年，在全国范围内推行国有企业"三年改革与脱困"。这一时期，建筑业"抓大放小"，推进现代企业制度改革的进程。集体企业、民营企业，尤其是外商投资等非公有制经济发展加快。建筑企业所有制结构发生了重大变化，国有建筑企业比重下降，非国有建筑企业比重上升。

党的十四届四中全会提出：经济体制从传统的计划经济体制向社会主义市场经济体制转变；经济增长方式从粗放型向集约型转变。这两个根本转变的意义在于前者坚定了建筑业市场化改革的方向，后者促进了建筑业对产业发展新模式的探索。

党的十五大进一步明确："非公有制经济是我国社会主义市场经济的重要组成部分"，收入分配制度的改革要"把按劳分配和按生产要素分配结合起来"。推进以民营经济为主的非公有制经济发展和深化建筑业市场化改革。建筑企业改革进入"配套改革"阶段，建筑企业都在大胆尝试，不怕失败。改革不仅深化到体制创新和制度创新层面，而且深化到与整个国民经济发展相衔接，同社会各方面的配套改革相结合的阶段。

国有建筑企业以实现股权多元化为重点，实施公司制改革规范化。建筑业产品和建筑业各个服务环节的价格由"双轨制"逐步转变为由市场确定。例如，建材价格市场定价，业主选择施工企业由市场招标确定，设计单位选择以设计方案竞标方式确定。

1998年,国务院推进改革开放以来的第四次政府机构改革,将40个部委精简到29个。行业计划系统管理职能减弱,使建筑企业自主性增强。《中华人民共和国建筑法》《中华人民共和国招标投标法》等相继实施。政府管理职能转变加快,市场化改革深入推进。建筑业从政府行为规范化、经济主体自由化、生产要素市场化、竞争环境公平化4个方面进行了比较系统的改革。这标志着建筑业的市场化改革已取得初步成效。

(3)建筑业融入国际市场,推进机制创新阶段。2001年,中国加入WTO,推进了建筑业对外开放和经济市场化进程,同时也给建筑业管理和建筑业企业带来了挑战。从此,建筑业开始逐步融入国际市场,全面推进机制创新,完善建筑业市场经济体系,走科学发展之路。

党的十六大以后,国有企业改革进入"资产管理体制改革"阶段。2003年年初,国有资产监督管理委员会成立,政府公共管理职能与国有资产出资人职能分离,管资产与管人事相结合。大型国有建筑企业分别划属中央或地方国资委管理。

进入21世纪,我国固定资产投资率不断攀升,资本形成占国内生产总值的比重由2000年的36.4%上升到2003年的42.7%。随着建筑规模不断扩大,2003年建筑企业工程款拖欠日益严重,"拖欠"总量达3600亿元。国家开始实施三年"清欠"工作,原建设部会同16个部委先后召开多次联席会议研究解决对策,2006年初见成效。但是,拖欠"顽疾"并未根治,"边清边欠"情况仍然存在。此外,市场交易中假招标、串标、转包、偷工减料、阴阳合同等信用缺失现象日益严重。2005年建设部开始探索修订《中华人民共和国建筑法》。同时,提出建立市场经济社会信用体系,从法律和道德两个层面规范市场竞争秩序。

2005年，我国进入改革的关键时期，工业化和城镇化加速发展和矛盾突显，引发了社会对改革的争论。在科学发展观和建立和谐社会两大理念指导下，以防范房地产业和金融风险为目标，以国有企业改革为重点，以政府改革为中心，建筑业继续推进市场化改革。国资委管理的大型建筑企业进行适应市场机制的内部改革。明确企业主业，规范财务管理，推行预算制度，引导技术创新，建立薪酬激励机制等。国有建筑企业股份制改革加快，经营机制明显转变，管理水平显著提高，进而推进政府层面的管理职能转变。

2008年，建筑业贯彻《中华人民共和国物权法》和《中华人民共和国城乡规划法》，重视建筑活动所涉及的民生问题，加强规划引导和调控，大力促进节约用地。从法制层面引导企业建立决策科学、管理高效、注重节能和减排，重视诚信的可持续企业发展新机制。建筑业管理职能基本实现了"四个转变"：从产业干预向创造市场环境转变，从全面管理向公共治理转变，从直接管理企业向宏观指导转变，从经济增长向可持续增长转变。

3.2 建设工程管理体制存在的问题及其原因

尽管建筑业发展成就显著，建筑业增加值占国内生产总值的份额以及建筑业从业人员占全社会劳动生产者总数的比重等指标有较快的增长，但是深入剖析建设工程管理体制存在的问题不容忽视。

3.2.1 体制机制不顺

体制机制不顺主要表现在三个方面：一是政府、企业和咨询机构在建筑市场中的职能界定不清楚；二是公正的建筑市场秩序有待建立和维护,需要进一步规范建筑市场竞争主体行为和关系;三是以市场为导向的现代公司制度尚未建立起来。

3.2.2 产业组织结构不合理

我国建筑业企业有10多万家,平均规模偏大,大而全、中而全、小而全的企业比比皆是,大而不强、小而不专,企业组织结构呈橄榄型。美国目前有建筑业企业57.8万家,从业人员520万人,企业平均规模为9人,100人以上的企业不到6000家,占全国企业的1%;从业人数为20~99人的有4.7万个,约占8%;20人以下的企业有52.6万家,约占91%,整个建筑业的组织呈现大中型企业数量很少,小型企业很多的金字塔结构。日本建筑业企业约51万家,从业人员541万人,建筑业企业划分为特大型、大型、中型和小型,企业资质管理类别共有28类。特大型企业只占行业总数的1‰,大型企业占0.7%左右,中型企业占1.3%,小型企业占90%。日本著名的六大建筑企业:大成、清水、鹿岛、竹中工务店、大林组、熊谷组已成为日本建筑行业的龙头企业。

3.2.3 工程结算管理制度欠缺

一手交钱,一手交货;欠账还钱,天经地义。然而对于建筑企业来说,要想结算工程款,那可是比登天还难。

有业内人士透露,不少施工企业或材料设备供应商,为了尽快结算工程款和材料设备款,向欠款业主负责人和主管会计行贿,美其名曰"以小钱换回大钱"。

在工程结算过程中,施工企业或材料设备供应商付出去的何止是"小钱"?结算工程款第一要经过现场监理;第二要经过驻地监理办的工程部——合同部——试验检测室或中心;第三要经过总监理办的工程部——合同部——试验检测中心——分管领导——主管领导；第四要经过建设单位（或业主）的工程部——合同部——财务部——分管领导——主管领导；第五要经过结算审计。

从计价结算经过的环节看，这种设计是严谨、科学的，对加强工程质量和投资总额控制和监管，无疑会起到重要作用。在平时计价拨款和工程结算过程中，很多施工企业又惧怕与这些环节的相关人员打交道。在建筑企业看来，上述每一个部门或环节又好比一座座刀山，建筑企业每攀登一次都得出血，否则难以迈过这一道道坎。

在施工现场负责经营和财务工作多年的人员"感叹"道：平时，我们得悉心地哄着他们，到了计价结算的时候，更要小心翼翼地宠着他们，生怕他们不高兴，生怕对他们没尽到"孝心"。他们当中如果有一个环节或一个人因为我们照顾不周而"受凉打喷嚏"，那么我们企业可就要"感冒发高烧"了。

其原因简析如下。

一是结算审价时间的操作性难。尽管财政部和原建设部有明文规定，但是并没有对当事人审核或者委托审价部门做出明确的法定期限限制，当事人对审结报告提出异议也没有时间限制，对异议的解决没有法定程序，导致审定工程造价无期限拖延。

二是工程竣工结算审价效力缺乏法律约束力。在工作中，建筑工程发包商委托审价机构审价，建筑工程承包商往往不认同；建筑工程承包商委托审价机构审价，建筑工程发包商也不认可。如此多方审价、重复审价，既浪费时间、又浪费了人力和财力。

三是当事人一方审价，另一方也审计，而且审价、审计概念混淆，导致不必要的重复鉴定、无期限地拖延结算时间。

四是政府监管不到位，建筑市场存在的计价结算潜规则只能是任其发展而无人追究和过问。

3.2.4 招投标中的商业贿赂

当前工程建设招投标存在的商业贿赂主要表现在以下几个方面：一是业主违规干预招标，"权力寻租"很有市场；二是行业垄断问题突出，"幕后交易"空间较大；三是评标机制不够完善，客观公正难以实现；诚信严重缺失，"潜规则"盛行。

其原因简析如下。

第一，市场体制不成熟，为商业贿赂提供了"活动空间"。由于市场经济体制在新旧体制转型时期，建筑企业已经由过去的以国有企业为主转向国企、民企、私企和工程承包商等并进，由于体制不够完善，行政干预经济的现象依然存在，为一些企业以不正当的手段谋取交易机会留下空间。

第二，监管体系不完善，难以及时发现和查处商业贿赂行为。目前，招投标管理部门和行业主管部门之间存在脱节现象，建设工程管理没有实现全过程监控，使后续监督工作出现真空，一些本应通过后续管理发现的违法行为却未能得到揭露和纠正。

第三，投资人与投资使用者的利益不完全一致，权力和责任不统一。政府、国有企业作为主要投资人和监督管理人的职能重合，有关部门负责人在工程建设项目里，既是行政长官又是企业领导，既是建设者又是管理者，这种立项、投资、建设、管理"四位一体"的体制直接导致招投标决策权集中于极少数人手中，使应有的监督缺乏独立性和公正性，容易诱发商业贿赂问题。

因此，治理工程建设招投标商业贿赂产生的重点是加强对政府、国有投资项目的管理，提高投资效益，切实防止权钱交易、商业贿赂的发生。

3.2.5 工程监理的两难境遇

1998年实施的《中华人民共和国建筑法》，从法律方面界定了工程监理的性质和对象，同时在法律层面赋予工程监理企业的处罚权力。这些规定看似给工程监理企业业务的开展提供了很大的工作空间，但分析起来不难发现，这些规定和要求执行起来困难重重。

从表面上看，目前我国的工程监理企业，现在似乎在履行着"准执法"的监管职能，但从本质上分析就不难发现，为数众多的工程监理企业目前所从事的业务多是原来各地工程质量监督站和各地技术质量监督局所行使的政府行政管理职能的延伸。这种执法者的法规交给执行者履行的做法，相当于现行司法实践中的"委托"。但工程监理企业作为"被委托"方，本身绕不过去的一个执法门槛是工程监理企业作为企业没有执法权。没有执法权的执法是违规的，也是不切实际的。因而，为了完成这种"法律上的委托"、为了生存，只能采取变通甚至"委曲求全"的办法开展业务、进行监理企业的生产经营。

从表面上看，法律赋予工程监理企业的权力似乎很大，但在实际工程监理过程中面对施工企业的具体违规问题，工程监理企业又处于无权进行处罚的尴尬处境。这导致了工程监理企业为了生存和发展不得不与建设单位和施工企业在对工程监理的某些环节上达成默契或进行妥协。

现实监理过程中，由于监理企业的监理是一种企业行为，而执行的监理标准又是一种国家制定的强制行为，为了便于工作，在不发生大的矛盾的情况下，多数监理公司实际是采用"就低不就高"的监理原则，即：只要施工企业在工程项目施工中没有大的偷工减料和违反操作规程行为的发生，监理单位一般多采取"睁一眼闭一眼"的办法进行监理。当然，对施工企业而言，这种"睁一眼闭一眼"的办法不是无条件的，而是要付出代价的。实质上，这种代价就是能够容忍监理单位在一定程度上的"吃、拿、卡、要"。

3.2.6 造价管理的严重滞后

工程项目造价管理是控制投资的重要手段，但是由于工程项目造价管理工作滞后于实践发展需要，已经严重影响建筑业和建筑企业的健康发展。

一是材料价格调整滞后，材料定额价格的调整根本赶不上市场变化。

二是行业之间定额编制水平的差距，造成了行业之间竞争不公平。有人说"金桥、银路、钻石洞"，就是说干路桥、隧道要比干房建的效益好得多。除了专业设备的使用专业施工特点等不可比因素，定额水平的差异也是原因之一。据测算同样的道路工程，市政工程定额和公路交通工程定额大约相差30%，铁路、民航、石化、核工业、交通、水利、电力等行业自成体系，也就自然形成了建筑行业内的"垄断"。所以工程造价管理深化改革势在必行。

3.2.7 工程质量监督工作存在的问题

一是监督体制不顺。工程质量监督机构性质模糊、定位不清。工程质量监督机构与政府的关系是政府的委派、委托或授权，所属性质不明确。工程质量监督机构是政府部门职能延伸还是准政府单位，还是具有执法地位的行政事务执行类事业单位，目前法律法规没有明确说法。

二是监督机制滞后。目前工程质量监督机构的监管机制中采用"三步到位"工作模式，即事先预约、阶段到位、实体抽查监督模式。但是这工作模式难以控制工程建设风险、防范事故，往往只能是被动的事后把关，而非事前主动地预控、预防。

三是监督手段单一。以外观和核查工程质保资料为主的单一监督手段。一旦诚信机制缺失，就会导致虚假的质量资料得出错误的检查结论。

四是监督方法落后。传统的"看、敲、摸、听"质量检查方法远落后于建筑业施工技术的发展，难以适应大跨度、深基坑、超高层的监督对象的质量控制。

3.3 建设工程管理体制改革对策

3.3.1 健全完善法制，建立全国统一工程监管机构

要加快健全和完善建设工程法律法规，推进以建筑法为母法的法律法规体系建设，改变部门立法方式。

同时要加快建设部、交通部、铁道部、水利部、工信部和民航总局等部门工程管理相关职能合并，设立全国统一的建设工程管理机构——建设工程管理委员会。打破现行条块分割、地方封锁和行业垄断工程管理体制，真正实现政府工程管理机构的三大基本职责（职务职责、管理职责、监督职责）。

一是服务职责：政策引导建立公平、有效的建筑市场，政策引导提高建筑产业和行业服务的质量，政策引导推进建筑生产和行业健康有序地发展，发挥专业人士组织和行业协会（学会）的重要作用。

二是管理职责：制定政府投资工程的管理法律法规，参与政府投资工程的招标活动，直接组织政府投资工程的施工管理和竣工交付。

三是监督职责：主要是对建筑市场主体行为和建设领域相关单位和

人员工作行为及能力进行监督。

3.3.2 创新政府监管体制，维护良好市场环境

政府监管的主要目的：一是规范建设环境和建设行为，二是提高工程建设领域相关单位和相关人员的实际能力。因此，创新政府监管体制势在必行。

第一，破行业垄断。政府监管必须打破行业自己监管自己的现状，实行统一监管。明确对工程建设领域相关单位和相关人员的行为监管，如招标行为、投标行为、设计行为、施工行为、监理行为等。

例如，评标行为的监管：随机督查已评项目的评审情况，既可以避免评标走过场，又可以发现招标投标中的深层次问题；设计行为的监管：随机督查在建项目的设计图纸，重点督查设计计算书、设计变更，促使设计单位提高相关人员的设计水平等。

第二，转变政府职能。各级建设行政主管部门要转变观念，强化服务意识，健全行政审批责任追究制度。要加强建筑业发展规划和产业政策研究，加强法规制度建设，建立健全与市场经济相适应的工程建设管理体制。按照"精简、统一、效能"原则，对工程质量、安全、市场管理资源进行整合，实现工程建设领域"一站式"服务和集中统一执法。

第三，改进企业资质和个人资格管理制度。严格按照我国入世的有关承诺进一步完善外商投资企业资质管理制度，并依循市场规则，加快企业资质管理制度改革，调整资质标准，简化审批程序，支持企业开拓市场。进一步完善专业人士注册执业制度，工程技术人员可以通过考试同时获得多个相关行业（专业）的注册资格，具有多个注册资格的工程技术人员，应当在一个建筑业企业注册执业。有关部门要依法加强对建筑业企业和注册执业人员市场准入和市场行为的监管。

第四，建立现代市场体系。彻底打破行业垄断和地区封锁，维护全国统一、开放、竞争、有序的建筑市场环境。进一步完善招标投标制度，调整强制性招标的范围，逐步实现非政府投资项目在不影响公共安全和公众利益的前提下，业主自主决定是否招标。有形建筑市场应当健全计算机管理系统，拓展服务功能。建立和完善工程风险管理制度，逐步推广投标担保、工程支付担保和履约担保制度，推行建筑工程险、安装工程险和工程质量保险制度，推行工程设计、工程监理及其他工程咨询机构职业责任保险制度等，用经济手段规范市场主体行为。建立全国联网的工程建设信用体系，向社会公布各类建筑企业、中介机构和各类注册执业人员的业绩以及违法违规行为，实施信用监督和失信惩戒制度，促进建筑市场秩序的根本好转。

第五，培育发展行业协会和社会中介机构。进一步加强行业协会建设，使协会成为独立、公正、自主运作的行业自律组织。各级协会应当建立完善行业自律机制，为会员提供服务，反映会员诉求，规范会员行为，切实维护会员利益。培育和规范工程质量检测、建筑司法鉴定、保险代理、信息咨询、法律顾问等中介服务机构，发挥中介服务功能，为参与工程建设活动的各类市场主体提供协调、沟通、评价、监督等服务。各级建设行政主管部门要大力支持行业协会工作，重视其他中介组织的作用，建立健全行政执法、行业自律和中介服务相结合的建筑市场监管和建设事业服务体系。

3.3.3 调整行业组织结构

针对我国建筑业组织结构存在的问题，应逐步减少大型企业的数量，增强大型企业的市场竞争能力；增加中小型企业的数量，促使中小型企业向专业化方向发展。根据国际经验，具有综合能力的大型企业和专业性的中小企业的比例为1∶3较为适合。通过市场竞争机制和政府宏观调控手段，培育一批具有科研、设计、施工、咨询服务等综合能力的大型企业，利用规模优势、集约使用资金能力、技术开发能力和承包能力，促使企业向技术密集型、资金密集型的方向发展。与此同时，鼓励中小企业向"专、精、特、新"的方向发展。促使有条件、有实力的企业转向公路、铁路、水利水电等符合国家投资方向和投资重点的专业。

3.3.4 加快企业产权制度改革，实现体制机制创新

一是建立现代产权制度。建立现代产权制度是完善基本经济制度的内在要求，是构建现代企业制度的基础。国有建筑在企业产权制度改革中应通过引进战略合作伙伴、规范上市、中外合资、互相参股等途径改制为投资主体多元化的股份制企业，发展混合所有制经济。大型建筑企业要以产权制度和现代企业制度改革为契机，按照区域性或专业化原则，归并重组子公司，理顺各级公司之间的产权纽带关系，实现资源优化配置，充分发挥集团公司的整体优势。

二是继续转换企业经营机制。建筑企业要研究制定企业发展目标和战略，突出主业，强化管理，切实提高企业核心竞争力和运营效率。要继续深化劳动人事制度改革，建立市场化的选人用人机制。要按照国家有关规定参加社会保险，履行缴费义务。要完善企业激励约束机制，探索多种有效分配方式，对于工程设计咨询类企业可以根据国家有关规定积极探索实行股权激励机制。要逐步分离企业办社会职能，实施主辅分离和辅业改制，妥善分流安置富余人员。

三是深化企业改革的政策与措施。国务院有关部门、地方人民政府已出台的国有工业企业改革政策适用于国有建筑企业的改革。各省、自治区、直辖市人民政府可以根据本地区实际情况，制定支持国有建筑企

业改革的政策和措施。各级建设行政主管部门要会同国有资产管理部门，支持国有建筑企业依法改制，积极解决改制中的问题。国有建筑企业要依据国家法律法规和相关政策进行改革，处置国有资产应做到公平、公开、合法，避免国有资产流失。

3.3.5　加强技术创新，转变经济增长方式

建筑业技术进步要以标准化、工业化、信息化和数字化为基础，以科学组织管理为手段，以建设项目为载体，不断提高建筑业技术水平、管理水平和生产能力。要大力发展节能节地节水节材建筑，严格采用环保和节能建筑材料，禁止使用淘汰产品，大力发展建筑标准件，加大建筑部品部件工业化生产比重，提高施工机械化生产水平，走新型工业化道路，促进建筑业经济增长方式实现根本性转变。

大型建筑企业是建筑业技术创新的主力，要建立企业技术中心，加大科技投入，重视人才培养，加强企业标准建设，加强工艺和工程技术研发，重视引进技术消化、吸收与创新，重视工法的总结和提高，发展具有自主知识产权的专利和专有技术。努力提高建筑业信息技术应用的广度和深度，进一步提高计算机辅助设计水平，普及计算机在项目管理、施工技术和企业管理中的应用。设计人员要贯彻节约资源和保护环境原则，精心优化设计方案，确保生产性建设项目的生产工艺、主要设备和主体工程先进、适用、可靠，确保民用建设项目适用、经济，在可能条件下注意美观。要大力表彰优秀设计、优质工程和做出突出贡献的技术带头人。勘察、设计和施工企业要积极采用新技术、新工艺、新设备、新材料，因技术创新而节约投资或提高效益的，建设单位应当给予相应的物质奖励。

3.3.6 大力发展劳务分包企业，抓好农民工培训教育

一是大力发展劳务企业。政府主管部门要制定扶持政策，鼓励农民工组建劳务分包企业，鼓励地方设立劳务服务中心，有组织地输出农民工，规范建筑施工用工行为。要加强对建筑施工现场环境与卫生状况的监管，鼓励施工企业进行健康、安全、环境认证，改善工地生产、生活条件。施工企业要依法与农民工签订劳动合同，要足额发放农民工工资，严禁以任何理由拖欠农民工工资。施工企业要高度重视安全生产，要为形成劳动关系的农民工及时办理参加工伤保险手续，并按照有关规定为施工现场从事危险作业的农民工办理意外伤害保险，作为工伤保险的重要补充。有条件的地区可以探索适合农民工特点的参加医疗保险的办法。建筑农民工集中输出地政府应组建劳务基地，积极开展订单培训和定向输出。农民工集中输入地政府应建立建筑业劳务用工管理服务信息系统，统筹做好就业指导、技能培训和权益保护工作，为农民工提供法律咨询和帮助。政府主管部门要完善法规制度并加强监管，依法查处侵害农民工权益的行为。

二是重视农民工的培训和教育。提高农民工生产操作技能是保证工程质量和安全生产的根本措施。农民工输出地政府要按照国务院办公厅转发的《2003—2010年全国农民工培训规划》，将拟进入建筑业的农村劳动力纳入"农村劳动力转移培训阳光工程"，加强组织协调，落实资金、师资和培训基地，因地制宜做好农民工培训。严禁未经必要的操作技能和安全生产知识培训的农民工上岗。

3.3.7 完善工程建设标准体系，加大工程技术法规建设

继续深化工程建设标准体制改革，逐步推进建设标准强制性条文向

技术法规发展，加快实现技术立法。进一步完善技术法规与技术标准立项、编制、批准、实施等管理体制，充分调动社会力量，加大资金投入，吸纳成熟、适用的科技成果，加快工程建设标准的制定或修订。加快标准的信息化建设，建立健全结构合理、覆盖范围广、先进适用的工程建设标准体系。充分借鉴国际先进标准，积极参与国际标准化工作，全面提高我国工程建设领域标准化水平，加快与国际工程建设标准接轨的步伐。

3.3.8 改革政府投资工程建设方式，提高建设项目投资效益

改革政府投资工程建设方式。改革的核心是建立权责明确、制约有效，专业化、社会化、市场化的建设项目组织实施方式。非经营性政府投资工程应当通过招标选择具有项目管理能力的企业负责组织实施，竣工验收后移交使用单位。经营性政府投资工程要进一步健全项目法人责任制，积极采取工程总承包或工程项目管理等方式组织项目建设。建设单位、项目法人和各类建筑企业，按照合同约定对工程质量、工期和造价承担相应的责任。有条件的省市也可以成立由专业技术人员组成的专门机构，负责政府投资工程项目的建设。

政府投资工程必须严格遵守建设程序，依法进行建设，实行公开招标和工程量清单计价办法，在通过技术和商务标评审的基础上，实行合理低价中标。要加强对政府投资工程的风险管理。有条件的省、自治区、直辖市对政府投资工程可以实行国库集中支付。各有关部门要加强对政府投资工程质量、安全监督，并建立健全稽查、审计、后评估和责任追究制度。

基于以上问题的分析，我国现行的建设工程管理体制可以采取以下措施进行变革。设立全国统一工程管理政府机构，打破现行条块分割、

地方封锁和行业垄断工程管理体制,真正实现政府工程管理机构的两大基本职责;创新政府监管体制,规范建设环境和建设行为,提高工程建设领域相关单位和相关人员的实际能力;调整行业组织结构,增强大型企业的市场竞争能力,促使中小型企业向专业化方向发展;加快企业产权制度改革,实现体制机制创新;完善工程建设标准体系,建立市场形成价格机制。

第4章

国有建筑业企业改革

4.1 国有建筑业企业改制逻辑思考

国有企业改革滞后,国有企业与非国有企业比较优势逐渐消退,使我国社会经济生活中累积的矛盾日益尖锐,国有企业改革已经成为刻不容缓的紧迫任务。可是国有企业改革的必要性、重要性和实践的紧迫性尚未被许多企业所认识,不少企业还在犹豫、等待、观望,难以形成改革的自觉行动。一定量的国有企业经营不善,产品结构失调,管理粗放,财务状况恶化,大量"失血"现象仍在继续,已经或正在损害国有经济肌体。鉴于此,有必要重新认识国有企业改制的目的、意义和历史必然性。如果我们不能从思想上认识企业改制的深刻内涵,巩固、发展和不断壮大国有经济,那么我们将会为迟疑不决和久拖未果付出沉重的代价。

我国改革的目标是建立社会主义市场经济体制,在这一历史演变过程中,国有企业制度创新占有举足轻重的地位,从一定意义上讲,现代企业制度能否建立决定着我国社会主义市场经济体制改革的成败。我们可以通过这样一种逻辑关系式来考察企业改制的必要性和历史不可逆转性，即：

市场经济←→经济组织←→市场竞争主体←→企业法人实体←→资本在法律和经济上的分离←→投资主体←→政资分离←→政企分开←→宏观管理体制和调控体系建立←→市场经济。

这个逻辑关系式描绘了一个闭合的企业改革回路，其基础是"市场经济"，（市场经济既是企业改制的出发点，又是企业改制的归宿），其核心是"企业产权制度改革"，其重点是"企业的公司制改造"，其前提是"政企分开"。根据上述企业改制逻辑关系图，我们稍加阐述。

什么是市场经济？如何把握市场经济运行的基本特征推进企业的改革与发展？第一，社会主义市场经济的本质特征要求市场机制成为整个社会资源配置的基本方式，建立现代企业制度是要构造与宏观经济体制相适应的微观基础。从本质上讲，企业应该成为对市场信号能够做出灵敏反应的市场主体。第二，市场由于存在一定的自发性和盲目性，为了避免无序竞争造成社会资源浪费及由此产生的负作用，政府必须采取适宜的、协调统一的政策和措施矫正其行为，但运用宏观调控手段必须依据价值规律，保证调控政策的有效实施。第三，市场运行将纳入法治化轨道，作为市场主体的企业必须接受法律法规的约束，规范其行为，按照市场规则有序运行。第四，企业必须以市场为导向，以追求效益最大化为目的，不断调整经营战略和工作方针，调整产品结构、组织结构和经营结构，推进科技进步，采用现代化管理手段和方法，以灵活的机制适应市场经济公平竞争、优胜劣汰的需要。

市场经济的基本特征表明作为市场主体的经济组织的一切活动必须以市场为中心来展开，首先解决面临的"生产什么""如何生产"和"为谁生产"三个基本问题。"生产什么"完全取决于消费者的"货币选票"，消费者的需求通过市场反馈给企业，而当企业接收到这种需求信号时，能够做出迅捷灵敏的反应，并权衡生产投入、产品的市场容量、资源状况和赢利水平等，如果是有利可图，那么企业将采取适当的方略与之相适应。如何生产将取决于不同生产者之间的竞争，用哪些人、采用什么资源、采用什么样的管理方法和采用什么样的技术才能应付价格竞争和适应获取最大利润的需要？唯一的办法是采用效率最高的生产方式，把产品成本压到最低点。这就必然涉及企业经营自主权的充分发挥，如投资决策权、资金支配权、物资采购权、人事任免权、劳动用工权、产品定价权、工资分配权、设备处置权等。只有这一系列经营权力得到充分发挥与运用，才有可能使企业创造适应市场激烈竞争的经营机制。为谁生产则取决于生产要素市场的供给和需求，取决于工资、利率和利润水平。换句话说，谁来享用和受益于所生产的物品，即社会产品的总量将如何分配给不同的消费者。这就要求企业必须研究市场、了解消费对象、制定适宜的营销战略，以取得理想的投入产出效益。

作为经济组织的企业能够解决"生产什么""如何生产"和"为谁生产"三个基本问题需要一个重要前提条件。这个重要前提条件就是它必须拥有充分的经营自主权。也就是说，它必须成为独立的市场竞争主体，拥有完全独立自主的民事行为能力和权利能力，并能够对自己的行为能力承担相应的民事责任。遗憾的是，我国传统企业尚未拥有这种自主经营权利。这就要求现有国有企业必须进行非经营性资产、设施、人员和社会职能的分离，按照市场机制原则重新架构企业的管理体制和经营机制，以适应市场经济条件下竞争的需要。可是，企业要成为独立的市场竞争主体、做到自主经营，那么必须要能够对自己的民事行为承担民事责任并成为真正意义上的法人实体，即企业应该拥有自己独立支配的财产权利，因为能够承担盈亏责任的是财产所有者而非财产经营者，这就要求企业必须实现民事权利能力和民事行为能力的统一、享有对企业全部财产依法独立支配（即占有、使用、收益和处分的权利）。企业只有取得这种能够独立支配的法人财产权，才有可能对自己的民事行为承担民事责任，真正成为自主经营、自负盈亏、自我发展、自我约束的市场竞争主体和法人实体。

然而，企业法人的财产来源于出资者。出资者将财产的全部或部分投入企业后，才有可能实现资本在法律上和经济上的分离。出资者让渡了法人财产权成为该财产的终极所有权者、成为企业的股东，只拥有该财产在价格形态上的所有权，对企业享有重大决策、产权变动与重组、资产权益和选择管理者等权利。在企业破产时，出资者只以投入企业的资本额为限对企业债务承担有限责任。而企业则以全部法人财产享有依法自主经营、自负盈亏、照章纳税，对出资者承担资产保值增值的责任，成为股东的代理人，拥有法人财产权并在实物形态上享有实际占有、支配、收益和处分权利。在企业破产时，企业以全部法人财产对债务承担有限责任。出资者所有权与法人财产权的分离，有利于企业成为真正的法人实体。如果企业没有必要的财产，企业就不具有法人条件；企业对其法人财产不具备独立支配的权利，企业就不能依法独立承担民事责任，也就不能成为民事法律关系中的主体，也就难以形成和发挥其在企业的市场运行主体地位和作用。

那么，谁来充当出资者？这需要确立投资主体。建立现代企业制度进行公司制改造的主体是国有企业，而国有企业或国家控股企业的投资者主体是国家，因而国有投资主体的确立是考察的主要对象。按照目前设计和实际运作中的国有投资主体的主要类型为国有资产经营公司、国家投资公司、国家控股公司、企业集团的集团公司和国务院授权投资的部门。这五种形式的国有资产投资主体是一种介于政府和企业之间的特殊企业，专司国有资产的营运。从实践看，上述公司多数由原政府部门换牌子或具有行政性管理职能的行业性总公司充任，能否真正地履行国有资产的经营职能，而不是实行"婆婆加老板"的双重职能，以对企业的无端干预、披上合法外衣，这令人担忧。另外，在国有企业改制中（尤其大中型国有企业改制），国家是否必须占控股地位，这很值得研究。坚持公有制占主体地位，主要应体现国家和集体所有资产在社会总资产中占优势，国有经济控制国民经济命脉及其对经济发展起主导作用。按照这样一个思路来设计，国家独资公司和国家控股公司应限定在特殊产品和特定行业（如基础产业和稀缺资源产业），而量大、面广的竞争性行业则由国家在财力许可的情况下实行参股经营，必要时将部分国家股权让渡出去，以便集中有限财力致力于关乎国计民生的产业和产品的发展，可能是更为明智的选择。除国有投资主体外，非国有投资主体的培养和发育也是非常必要的，这依赖于资本市场和金融市场的建立，因而应加快产权流动和转让步伐、推动企业产权重组、实现企业资本的优化配置。

确立国有投资主体，前提是必须实行政资分开，而政资分开的关键是实行政企分开（即政府的行政管理职能与经济管理职能分开，政府的社会经济管理职能与国有资产所有者职能分开，国有资产管理职能与国有资产经营职能分开，国有资产管理部门专司国有资产行政管理职能，国有资产投资主体具体行使国有资产运营职能）。这就要求必须健全各级国有资产行政管理机构，充分发挥其对国有资产统一行使管理职能，保证国有资产管理的权威性和有效性，并实施对企业国有资产的监督管理；国有资产的运营逐步由原来的对企业实物形态财产的直接支配，转变为对价值形态和国有资本的经营，通过确立国有资产投资主体地位，强化和落实国有资产的经营责任。

政企实行分离以后，政府应注重加强宏观管理体制和调控体系建立，政府的主要经济管理职能是：运用财政、税收和金融政策，保证社会经济稳定增长和收入的公平分配；稳定经济和社会发展战略、方针和产业政策；控制总量平衡；规划和调整产业布局；运用利率、税率、汇率等经济杠杆和价格政策，建立市场秩序；制定市场规则，规范市场行为，建立统一、公开、平等和开放的生产要素市场体系；健全和完善法律体系；培育和完善社会中介服务组织；建立和完善社会保障制度；改善宏观经济环境，通过市场调控和引导企业经济活动，最终形成国家调控市场、市场引导企业的运行机制。

4.2 国有建筑业企业改制基本原则

建立现代企业制度是国有企业改革的方向。现代企业制度是适应社会化大生产和市场经济要求的一种企业制度模式，有其自身的特点和规律性，因此国有企业改制必须坚持现代企业制度的内在客观规律和一般要求，才有可能达到科学化和规范化改制的目的。为将企业改制引向正确之途，保证与国际惯例接轨的同时又能体现中国企业特色，应充分借鉴市场经济发达国家的企业制度经验，并认真总结和结合我国40多年来企业改革的实践，在坚持继承和发展相结合、借鉴和创新相结合的前提下，遵循以下基本原则。

4.2.1 法人财产权独立原则

现代企业制度实行出资者所有权与企业法人财产权的分离。出资者按投入企业的资本额享有资产收益、重大决策和选择管理者等权利；当企业破产时，出资者只以投入企业的资本额为限对企业的债务负有限责任。出资者行使权力不会影响企业的经营自主权，这是因为出资者行使权力必须和企业法人财产权相结合。出资者一旦将财产注入企业，便不能直接支配这部分财产,也不能随意从企业收回。出资者对企业投入的财产、资本金增值和企业经营中的负债共同构成企业法人财产,企业对法人财产依法独立享有民事权利并承担民事责任。出资人不能直接干预企业法人财产权,更不能任意干预企业的经营自主权,即使出资人以实物投入企业,一旦形成企业法人财产后,出资者只享有这部分资产的产权,只能以出资者身份从价值形态上行使产权,而不能对企业依法支配这些实物加以干预。企业既可以将这些法人财产组成部分的实物投入生产运行,也可以按照一定原则将这些实物出售,其收入还于企业的资本金,还可将这些实物向外投资,使企业成为另一个层次上的出资者并享有出资者的产权。出资者享受出资者权益、行使出资者权力,是在另一个层次上运作的,和企业独立行使经营自主权不交叉、不重合,也不在同一个层次,因此也不会干扰和影响企业法人财产权和经营自主权。由出资者对企业经营活动依法行使产权主体的约束力,并非出资者可以任意干预企业经营权,而是通过出资者信托的董事会对企业的经营决策进行约束和施加影响,以保证出资者注入企业的资本金保值和增值。出资者也可以按照一定的原则,在市场上转让归属于自己的全部或部分的产权,但这种转让只是在出资者之间进行,不影响企业法人财产的整体性和统一性。

4.2.2 权力制衡原则

现代企业的权力架构是按照三权分立的原则设计的。从本质上讲,出资者对自身权益的保护是其形成的客观要求。企业权力结构有三个层次。

第一,出资者所有权的行使。当出资者支持或信任其所投入资本金的企业时,出资者行使所有权:一是按法律和公司章程规定,选举和聘任所有者的代表——董事会,并通过董事会聘任企业主要经营管理人员;二是在企业经营利润中,按照自己的出资额分取红利;三是根据企业发展需要,将利润的全部或部分追加资金注入企业,增加企业资本金;四是当企业破产清盘时,按照出资比例从企业剩余资产中追索属于自己的那一部分。当出资者疑虑或反对所投资的企业时,出资者的所有权行使:一是依法改造或改聘所有者代表和企业主要经营者;二是依法转让出资份额,通过市场竞价收回投资。在公司制条件下,股东会是企业的最高权力机构,履行出资者所有权。

第二,企业法人财产权的行使。企业法人财产权是企业对其全部法人财产依法拥有的独立支配的权利。出资人一旦以资本金形式将财产注入企业,即与出资者的其他财产区分开来,出资者不能直接支配这一部分财产,而且除依法转让外也不得从企业中抽回。法人财产权是法定的,企业对法人财产享有占有、使用、处分和收益权,企业作为法人可以现金、实物和无形资产等向外投资,并依法获得投资收益,形成企业的利润,只不过企业利润应当属于出资者享有的收益权范畴。不仅如此,在依法行使法人财产权时,企业必须以保全企业资本金为前提,保证出资者投入企业的财产保值增值。这是企业对出资者必须承担的义务。现代企业中法人财产权的支配者是董事会,而股东的信托人代表董事长是企业的法定代表人。

第三,企业经营权的行使。企业日常生产经营管理是由一支训练有素的专家型的经理层人员来运作的,具体负责组织实施董事会决议:包括组织实施企业年度经营计划和投资方案,拟订企业内部管理机构设置、基本管理制度和企业章程规定的其他职责。由此可见,现代企业的企业权力架构导致了科学规范的企业组织制度的形成,包括股东会、董事会、经理层和监事会。股东会是由全体出资人组成的企业最高权力机构;董事会是由股东会选举产生的代表全体股东利益的企业常设权力机构,向股东会负责,聘任或解聘经理并授权其统一负责企业日常经营和管理;监事会是由股东会选举产生的代表股东利益,并对董事会及其成员以及高层经营管理人员进行有效监督的机构。决策机构、执行机构、监督机构相互独立、权责明确、相互制约,保证各司其职并有效行使决策权、监督权和执行权。

4.2.3 企业自主经营、自负盈亏原则

现代企业是以营利为目的的法人企业,获得了法律上的人格化地位。单一业主制企业和合伙制企业相比,两者不同之处在于:一是前者出资人所有权与企业经营权重合,出资者直接经营企业,出资者是民事主体,而企业不是民事主体;公司制企业法人是民事主体而非自然人。二是单一业主制和合伙制企业条件下,出资者所有权与企业财产权重合,出资人是完整的财产所有权主体;而在法人企业条件下,资本所有权需要分割为法人财产权和出资者所有权,企业拥有法人财产权,股东拥有最终所有权。三是单一业主制企业和合伙制企业的出资人对企业债务不仅承担无限责任,而且要承担连带责任(即债权人可以向任何一个股东追偿企业的全部债务);法人企业的出资者对企业债务承担有限责任,如果企业资不抵债,每个股东出资额以外的财产不受影响。四是单一业主制企业和合伙制企业完全可以由企业主亲自经营,而法人企业需要委托代理人经营。董事就是股东的代理人,股东对董事的委托是建立在股东对董事的信任基础上的,股东与董事的关系是信托关系,而非授权关系。董事的信托责任体现在:股东要赋予董事代表自己的权力;与此相适应,董事也必须承担相应义务,即必须以全体股东的利益为唯一的行为准则。从上述自然人企业与法人企业比较分析可以清晰地看到,法人企业财产

权的确立是使企业能够真正成为自主经营、自负盈亏、自我发展、自我约束的法人实体和市场竞争主体的必要条件。企业享有法人财产权是其独立存在和依法运作的基础和前提，企业一旦拥有对其全部法人财产独立支配的权利，即对企业财产不仅占有使用，而且依法处分和享受收益权，企业才有可能真正成为民事法律关系的主体，实现民事权利和民事行为能力的统一，并以全部法人财产独立承担民事责任。

4.2.4 股东所有权淡化原则

国有企业进行公司制改造，除特殊行业和生产特定产品的企业需改造为国有独资公司外，就绝大多数属于竞争性的企业来讲，其目的是要构造混合所有权结构的法人企业。这里需要讨论的是企业的混合所有权或多元化产权结构的深度，为了保证企业法人财产权的充分独立行使，企业股权应当高度多元化和分散化，其主要理由如下：一是企业产权的高度分散化，可以避免数量较少的大股东任意干预企业的生产经营，难以设想某一股东占据企业控股地位不会过多插手企业事务，但是要削弱和抑制股东，除非改变投资者向企业注资目的，即出资者向企业投资的目的不是控制企业，参与企业的经营事务，而是获取丰厚的利益回报。二是股权高度分散化和多元化有利于促进资本的流动，资本流动的意义在于可以根据市场需求调整资本流向，促进资源向符合国家政策的行业和产品聚集，实现社会资源的优化配置和充分合理有效利用资源，如1987年日本个人股东达2580万人，占全国人口的五分之一；美国要求上市公司的股东人数必须达1万人以上。三是股权的分散化使绝大多数股东难以影响企业经营，这有利于企业法人全面获得对企业资产的独立支配权，而这种独立地位为企业提供了独立面对市场、自主经营、承担盈亏风险的必要条件。四是股权分散化在削弱股东权力的同时，强化了企业家的作用和地位。企业必须依靠一批专家型人才队伍来经营管理企业，他们训练有素，熟悉社会化大生产和市场经济的内在规律和运作方式，掌握现代科技知识和先进的管理方法和手段，能够娴熟地运营企业，满足股东投资回报要求。唯有实现股权的高度分散化和多元化，才有可能从根本上实现所有权和经营权的彻底分离。

4.2.5 风险分散化原则

在适应市场经济的现代企业制度下，无论是出资者、经营者（董事、经理人员），还是普通职工均面临着不同风险。但不同的人面临的风险和程度是不同的。出资者面临的是投资风险。在激烈竞争的市场条件下，任何一个企业都不可能是市场竞争中的"常胜将军"。只不过企业采取公司制形式后，出资者即便面对企业高额负债，也只以出资额为限承担有限责任。事实上，每个投资者对外投资绝不会"将鸡蛋装在一个篮子里"，因此有限责任制度和分散投资可以使投资风险进一步降低。这里存在的突出问题是，国有企业改制一般国家股和国有法人股所占比重较大。多数国有股权占企业的股本金的30%以上，有的高达70%~90%。这不符合投资风险最小化的原则，可以考虑非垄断性行业和企业适当让渡部分国有股权，广泛吸收社会法人股、社会公众股和职工个人股，稀释国有股权，形成股权多元化，以减小国有资产投资风险。董事和经理人员面临的是企业倒闭和经营风险。如果决策不慎、经营思想不端正和没有较好把握市场机遇或者生产手段、管理方式、营销策略、产品结构、经营机制等不适应市场需要，都有可能导致企业经营失利，从而影响企业的生存与发展，过低的盈利水平或发生亏空会使其砸掉饭碗、失掉信誉。普通职工的命运更是与企业荣辱兴衰紧密相连，如果企业破产，那么广大职工将面临失业的威胁。这种"一荣俱荣、一损俱损"的强大压力将促成出资人、董事、经理人员和广大职工结成利益共同体,团结协作、同舟共济,共同面对风险,承担各自的责任,从而增强企业凝聚力。

4.2.6 协调矛盾和淡化冲突原则

首先,现代企业制度坚持贯彻"同股同权、同股同利"的原则,出资者权力的大小取决于持股比例的多少,出资越多享受的权力越大,承担的责任和义务亦越多,投资回报也越高。由于出资者的责任、权利和义务对等,这将有助于淡化股东之间的利益冲突。由于现代企业制度受来自产权主体的硬性约束,企业形成了有效的激励和约束机制,因此无论是企业还是广大职工都必须有很强的自律精神,规范和约束自己的行为,分工协作、互相配合,与企业的长远发展目标保持一致,求得共同发展。再次,在分配制度上实行按资分配和按劳分配相结合,也有助于缓冲劳资尖锐矛盾,尤其是在企业职工出资入股分享所有者权益后,将进一步模糊劳资边界,淡化资方与劳方的利益冲突。全体员工将为共同利益所驱动,兢兢业业,诚实守信,共同为企业的振兴和发展贡献力量。最后,市场经济是法制经济,企业必须依法经营、照章纳税,企业和全体员工的行为必须置于健全完备的法律体系框架内运行,这将有妥协地协调股东之间、股东与员工之间、员工与员工之间的经济矛盾和利益冲突,各个利益主体相互谅解、互相妥协,保持基本的利益平衡。

4.2.7 社会参与原则

现代企业的运作需要良好的外部环境、需要社会的广泛参与,例如:健全的宏观管理体制和调控体系,统一、开放、竞争、有序的生产要素市场体系(尤其是股票、债券、期货等金融市场和商品市场高度发达),健全完备的法律体系,社会化的中介服务机构,健康的宏观经济运行状况等。没有良好健康的外部条件和法治环境，现代企业的运作就失去了基础和条件。

4.2.8 职工参与原则

在社会主义市场经济条件下的现代企业制度中，职工企业主人翁地位应体现为政治和经济的高度统一，广大职工只有出资参股取得股东权利才有可能更深入、更直接地参政议政，职工参与民主管理的建议权、参与权、监督评议权和知情权才会表达得更具体、更深刻。况且经过改革开放四十多年来，我国经济蓬勃发展，城乡人民生活水平大幅度提高，广大职工的积蓄不断增加，在允许职工参资入股时，广大职工将大量的社会闲散资金转化为生产经营资金。这既可以缓解商品市场供求压力，又可以为国家经济建设开辟一条新的财源，有百利而无一害。更为重要的是，广大职工向企业注资不仅有利于改善企业股权结构，而且为建立多元化的产权组织形式的公司制企业创造了必要条件。

4.3 传统企业和现代企业比较分析

国有建筑业企业改革的方向是国退民进，作为竞争性的建筑行业，原则上不应保留或者尽量少保留国有成分。但多年来，国有建筑业企业占行业主体的地位没有改变，这不符合建立社会主义市场经济要求，也带来了诸多问题。建立现代企业制度是国有建筑企业改革目标取向。现代企业制度是适应社会化大生产和市场经济要求的产权清晰、权责明确、政企分开、管理科学的面向国内国际市场的企业法人实体和市场竞争主体的一种制度体系。现代企业制度的基本特征表现为健全完善的企业法人制度、科学和规范的法人治理结构和有限责任制度。

与传统企业相比，现代企业具有较为明显的优越性。两者主要差别体现在如下 12 个方面。

（1）清晰的产权关系。产权是出资者对其投入资本金的企业法人所拥有的财产权，或者说企业产权的主体是出资者。传统企业产权关系模糊在于国有资产的所有权和产权是合一的，代表国家行使国有资产所有权的政府部门不仅对投入企业的财产价值形态实行直接支配，而且对其实物形态也拥有完全的处分权。不仅如此，国家完全控制和操纵企业全部经营活动，严重压制了企业的生机和活力。现代企业产权关系是清晰的，国有资产所有权和产权是分离的，出资者和企业之间的产权关系通过法律予以界定，并明确各自的权力、义务和责任。出资者把资本注入企业后不得撤资，也不能支接支配；只能依法转让，而且产权转让也只能是价值形态的财产权益转让，而不是企业法人财产实物形态的转让，实物形态的资产转让是企业的行为，属于企业经营权范畴，这种转让也仅仅是改变了出资者的权益归属，不会造成出资者的资产流失，也不会影响企业行使法人财产权。这样就有利于企业根据市场需求，自主决定其经营活动，并对自己经营行为承担盈亏责任。

（2）健全的法人财产制度。传统企业的财产所有权和经营权是合一的，国家作为单一的投资主体，企业不是独立的法人组织，没有法人财产权，难以对自己的经营行为承担盈亏责任，因而企业缺乏追求利益的内在动力导致企业机制僵化、活力不足。而现代企业实行出资者所有权与法人财产权分离，国家是出资者，企业享有独立支配全部法人财产的权利，并以全部法人财产独立承担民事责任。这种企业法人财产权的确立使企业能够真正地成为法人企业，从而获得推进企业追求利润的内在动力机制，这就为企业面向市场、参与竞争、自主经营、自负盈亏提供了制度上的保证。

(3) 明确的有限责任制度。传统企业国家对企业债务承担无限责任，国家集行政管理、经济管理和资产所有者多重职能于一身，代表国家的政府部门直接参与企业微观管理活动，企业在失去了法人地位的同时也失去了对企业法人财产独立支配的权利。国家作为企业财产的主体，在出资者所有权和企业法人财产权重叠的情况下，理应承担企业全部债务责任。因此当传统企业出现经营危机，国家出于政治、经济和社会多重原因考虑不得不忍痛向其输血，从而导致一定程序的社会资源的浪费和生产效率低下。现代企业由于实行国家出资者所有权和企业法人财产权的分离，整个国有资产与投入企业的国有资产实行分割，企业拥有依法独立支配全部法人财产的权利，自主经营并独立承担盈亏的后果，这样就解除了国家对企业债务承担的无限责任。国家作为出资者，以出资额为限只承担有限责任，同时按照出资比例享有资产收益分配权、重大决策权和选择管理者的权利。

(4) 投资主体多元化。传统企业由国家投资，形成单一的国有制企业，企业财产均属于一个主体——国家，国家财产一旦投入企业，就凝固封闭起来，既不能流动也不能转让，成为非社会化的、自然经济性质的、缺乏企业间相互竞争的条件和基础，难以实现资产营运效益的最大化。在现代企业中，国有独资公司限为极少数，绝大多数公司制企业是由多个出资人投资形成的股权多元化的混合产权结构，企业是面向市场的开放系统，是社会化的经济组织，企业产权依法实行有序流动和有偿转让，企业完全按照市场导向和价值规律的要求，实行资产更为有效的重新配置，保证了出资者财产的保值和增值。

(5) 企业组织制度科学规范。传统企业实行党委集体领导，经理全面负责，而实践的结果是领导者不负责任，负责者不能领导，集体负责实际上是无人负责。这种体制权责不明、推诿扯皮，难以有企业经营的高效益。推行经理负责制后，实行统一管理、专人负责，但国家所有者代表虚置、缺位，没有进入企业，经营决策仍由政府操作，难以适应市场和企业自身发展需要。而现代企业实行决策机构、执行机构和监督机构三权分立，形成相互制衡的权力结构。这种治理结构从制度上提供了企业股东会、董事会经理层和监事会有效行使各自职权的保证。它从制度上保证了企业决策、执行、监督、反馈形成闭合路径，从而实现企业决策的权威性和管理的有效性。

（6）企业单一的经营目标。传统企业的目标是多元的，具有社会、国家、盈利多重目标，企业不是真正意义上的经济组织，不计成本、不讲效益，以稳定压倒一切作为首选目标，企业的运营受国家高度集中的计划经济调控，导致企业包袱沉重、累积的矛盾逐渐增多，给社会经济造成严重困难。现代企业以追求利润最大化为唯一目标，为满足投资者回报预期，企业将使出浑身解数并不惜血本展开攻势强劲的公关活动宣传和推销，采取科学的工作方针和灵活、有效的经营策略，积极引用先进的科技方法和管理手段，大力推行能耗低、工效高的设备和工艺，选用一流人才，充分调动各方面积极因素，以市场为导向，开拓市场、创造市场，完全按市场经济规律运行，力争在市场竞争中独占鳌头。

（7）实行彻底的政企分开。传统企业政企不分，企业受到政府一定程度的干预。企业在严重缺乏自主权的情况下，较难依据市场信号做出反应。公益性社会福利设施应该是政府的社会职能，转交企业承办在一定程度上增加了企业负担。现代企业除数量极少的国家独资公司和限制其发展的国家控股公司难以完全实现彻底的政企分离外，多数公司制企业在明确出资者终极所有权和企业法人财产权的基础上，完全有可能实行较为彻底的政企分开。出资人和企业的"责、权、利"通过法律进行界定，企业办社会将逐步分离出去，交由政府或社区服务机构承办。这样，企业轻装上阵、独立核算、自主经营、自负盈亏、照章纳税，国家则按出资比例享有出资者权益，按股分红。

（8）全新的企业财务会计制度。传统企业的财务会计制度往往偏重于企业资产总量，不注重考察企业负债状况，因而难以真实地反映所有者权益的变化。而且在计划机制起调节作用的情况下，企业资源呈现凝固封闭状态，竞争机制也发挥不出应有作用，企业之间的非常有限的竞争并没有按照公平竞争的原则进行，因此对企业的评价也失去了真实性和客观性。现代企业必须建立科学、规范的经营管理制度。尤其是财务会计制度，既要保障所有者权益，又要保障企业法人财产权利的落实。企业资本作为资源可以进入市场，产权可以转让和流动，有利于企业资源实行结构调整和优化重组。

（9）企业实行优胜劣汰。传统企业不能破产、难以破产，也无须破产。在计划经济条件下，配置社会资源的基本手段是计划机制，企业无偿占用和固化国有资财，无一不力图成为大而全、小而全的全能式企业。竞争机制完全不起作用或基本不起作用，资源难以流动，社会生产要素得不到优化配置，需要资源扩大生产规模的得不到补充调剂，而经营不善、长期亏损的也不愁，这种平均主义大锅饭的资源分配方式使企业缺乏激励和约束机制。这一反常的经济现象的背后就是计划经济的划一性和脱离实际的"一刀切"。这种违背经济发展客观规律的后果必然导致整个社会资源的浪费。在市场经济条件下，市场机制成为社会资源配置的基本手段，企业成为面向市场的开放系统，资源必须进入市场，这就要求发挥市场机制的作用。市场机制的重要特征是竞争机制，有竞争就必然有成败。经营失败的企业出现资不抵债时就会破产；而经营成功的企业将吸引更多的资源不断发展壮大，形成规模经济。

（10）完善的企业人事用工分配制度。传统企业人事实行统包统配制度，主要领导由政府任命；企业用工刚性化，人员进得来就出不去；工资分配也是能高不能低，而且受国家直接控制，现代企业管理人员不再有国家干部身份，董事长为企业法定代表人并由出资者大会选举产生。企业高级管理人员由董事会聘任，经理层人员实行职业化、社会化和市场化，是经营和管理企业的行家里手。企业与职工通过合同建立双向选择的用人制度，企业和员工均可依法解除劳动合同，企业在非常时期可以裁员并履行相应的经济责任。企业的工资总量由国家间接调控，政府制定最低工资标准。对企业工资水平的确定进行指导、监督和检查。企业在坚持"两低于"前提下，根据效率优先、兼顾公平的原则自主确定职工的工资水平和分配方式，并实行个人收入货币化和规范化。职工收入根据岗位、技能和实际贡献确定；企业高级管理人员收入则根据经营企业业绩、创利水平实行年薪制；董事长、监事收入则依据资产保值增值情况由股东会确定并实行年薪制。

（11）企业职工地位的变化。传统企业职工是企业的主人翁，在政治上取得了当家做主的权利，通过职工代表大会制度渠道反映广大职工的呼声和愿望。职工在经济上则实行按劳取酬。现代企业职工向企业投资入股后，获得股东资格和权利，成为企业最高权力机构中的一员，其意志和主张可以通告股东会议充分表达。而且由于职工成为企业的老板之一，如果企业经营失败，作为股东之一的职工将承担有限债务责任，因此职工对企业的经营状况、盈亏结果更为关心，无形中也增强了企业的凝聚力。在收入分配上，企业实行按生产要素分配和按劳分配相结合的分配制度。现代企业带来的这种变化可以真正实现职工在企业中的主人翁地位。

（12）形成了激励和约束机制。传统企业无论是物质上和精神上的激励均带有很强的平均主义色彩，因而对广大职工积极性调动和士气鼓舞的作用十分有限，尤其是不少企业偏重于采取惩罚性的激励措施，不仅不能激发职工的劳动热情，反而伤害职工感情。同时，企业对自身行为的自律约束缺乏制度上的保证，而是凭觉悟的软约束。尽管随着我国社会主义法制建设进程加快，一大批调整企业行为的法律法规相继出台，但不少企业法制观念淡薄，存在执法不严、违法不纠现象。现代企业的激励和约束机制的形成源于出资者对自身利益的追求。这种源于产权主体的约束具有强制性，无论是企业的高级管理者还是普通职工均受到追求利益最大化目标的牵引，竞争的压力迫使职工必须兢兢业业、拼命工作，职工的业务水平、操作技能、工作效率和劳动贡献将成为其是否受到奖励的根本依据。企业必须依法经营、照章纳税，强化约束机制，规范自身行为并将其纳入市场经济的法制轨道中运行。

通过上述两种企业制度的分析比较，可以得出一条基本结论：现代企业明显优越于传统企业。企业改制失去的是禁锢和抑制企业生机和活力的枷锁，换来的是在市场经济中公平竞争、自主经营、自负盈亏和自我约束的新生和自由。

4.4 国有建筑业企业产权重组和结构调整

国有建筑业企业建立现代企业制度是历史的选择，选择适宜的公司制形式和进行存量资产的界定只是企业改制工作的开始，而大量繁重的任务是进行企业改组（即进行企业资源的重新配置和结构的调整）。企业产权制度改革为企业改组提供了有利契机，因此必须将资产重组与结构调整有机结合起来。我们以为单纯界定企业存量资产而离开了企业改组目标的实现是没有实际意义的，正因为企业中的系列结构调整在企业改制中占有举足轻重的地位，因此这里将重点讨论资本金规模和股本结构、资产负债结构调整及历史包袱的解除、产业结构调整与多元化经营、组织结构调整与资产重组等四个问题。

4.4.1 资本金规模和股本结构

企业要经营，就需要本钱。本钱的多少在一定程度上制约着企业经营规模的大小。因此企业改制后所确立的发展战略目标对企业资本金规模提出了新的要求，资本金规模过大会对企业造成巨大投资回报压力，而过小又会使企业财力运作捉襟见肘，科学测定资本金规模应以企业盈利水平为基本依据：25%的所得税，10%的法定公积金，5%~10%的公益金，股东会特别决议还可提任意公积金，最后剩余部分作为未分配利润可作为股利分红。如果资本金规模与企业盈利水平相差悬殊，那么投资者的收益会降低，这无疑打击了投资者的积极性。当然不能排除企业改制后，资金运作效率提高从而导致资本金相应减少的可能性，也不排除依靠较高负债而保持原有资金规模来提高企业经济效益。这就是说，通过提高资金运作效率和增加负债达到减小资本金在总资产中的比率的目的，同时可以支撑一定的经营规模。另外，合理、适度的企业资本金规模还应考虑现有存量资产增值影响，根据对一些改制企业考察，企业资产按重置价格评估，一般增值率在50%以上，有的甚至成倍增长。因此，企业必须考虑的一个问题是现有资本金规模和为满足一定经营规模所需资金量之间的差额补偿或转移。当然，就一般情况而言，多数企业面临的矛盾是如何补充资本金，因为企业清产核资或资产评估只解决了企业现有存量资产的核实，而对于富余资金的转移或不足部分的补偿则应通过产权转让或寻求新的资金补充渠道的方式解决。

合理、适度的资本金规模应与资本金利润率水平相适应。企业资本金规模的确定应与股权改造相结合，企业进行公司制改造的重要目的是要实现股权多元化，而就多数建筑企业来讲，公司制的主要形式是有限责任公司，按照国家股、企业法人股和职工个人股的股权结构设计，一般比例为4∶3∶3为宜。

第一，国家股。国家是否占控股地位应视具体情况而定。这里提出40%股权是从现有大量国有建筑业企业资产现状考虑的，仅作参考。按照股东所有权淡化原则，在向企业投资形成的国家股权最好由多个国家持股机构分别持有，国家虽然控制40%股权，但由于其分属不同的股东持有者，并且各个国家股东客观存在着制约关系，避免由于单一国有股东占据控股地位造成对企业重大决策的直接干预和影响。而且一个企业中多个国有股东之间也会相互牵制，从而削弱所有权且有助于经营权的加强和巩固，进而更有效地发挥企业运营者的智慧和才能。

第二，企业法人股。无论是国有企业法人股，还是非国有企业法人股，无疑对包括国家股东在内的其他股东形成有力的牵制。虽然企业法人股权比例只占30%，但由于其不同于国家股东控制企业的单一目的。企业法人不仅希望改善所投资企业经营条件和环境、寻求新的经济生长点，也试图控制企业，更希望能获得较高投资回报，因此企业法人对所投资企业的监督和约束是直接和有力的。而且由于企业作为出资者，其实力和自身经营状况对改善所投资企业的股权结构、经营管理、适应市场竞争要求具有很大的间接推动作用。

第三，职工个人股。职工入股的目的比较单纯，主要有两个目的：一是获取较高投资回报，二是以此换取一份比较稳定的职业。由于职工个人股量大面广，因此必须由一个职工持股会或职工基金会组织作为职工散股的集中代表，其入股方式可以采取配股办法（即企业以工资含量节余中的一部分作为对职工过去创造剩余价值的补偿进行适量配股），但职工个人必须对企业投资以作为配股条件，如买一股配三股、买二股配五股、买五股配十股等。配股基数应以职工在一个工作年度内平均有效工作时间为依据测定,在对所有曾经和正在为企业含量积累奉献了劳动的职工进行配股的同时,对那些贡献突出、业绩显著的部分职工,按照一般职工配股的一定比率进行送股,这部分股权不同于职工配股,接受送股的职工只享有收益权。其所有权属于企业,列入企业公益金。而配股的职工拥有终极所有权,可转让、可继承。职工持股、送配股及动作比较复杂烦琐,应制定操作性较强的管理办法,广泛征求工会和广大职工的意见,经过充分论证和试点后,可以逐步推行。股权改造涉及股份有限公司的,将外资股并入股本金,股权结构的变化不应影响国内资金占控股地位,尤其是一些特大型建筑企业集团的改造必须保证国家股占控股地位。

4.4.2 资产负债结构调整及历史包袱的解除

我们考察一下世界工业化国家企业资产负债率情况。20 世纪 80 年代初,日本企业外部融资的 64% 是从银行获得,负债率为 77%,大型上市公司的债务与股本比例为 2.75∶1;到 20 世纪 90 年代,日本企业的负债率已降至 62.4%,即便是在金融资本与生产资本相融合的情况下,全部债务与股本的比例几乎为 1∶1。1983 年,美国企业的负债率为 47%,随着企业采取出售资产或发行新的股票,使企业债务在资产中的比例开始降低,到 1990 年底,颇具代表性的美国制造业的长期债务与资产比率下降到 23.9%,目前仍具有进一步降低的趋势。20 世纪 80 年代初,法国企业债务超总资产三分之二,1983 年法国企业的资产负债率为 73%,可是到 1988 年企业债务降到占总资产的 63%;1983 年,德国企业的负债率为 59%;瑞士企业的负债率为 65%;英国企业的负债率为 55%。新加坡、马来西亚等国上市公司的资产负债率,到 20 世纪 90 年代一般都已降至

40%左右。从世界经济发达国家企业资本结构来看，企业负债率一般保持在45%~60%，大型上市公司的负债率更低一些，股本与负债的比例一般为1∶1。

我国建筑企业实行"两则"后，资产负债结构不合理状况日益突出。1994年，全国建筑企业平均资产负债率超过85%，即股本和负债比为8.5∶1.5，其比值为5.7，比世界工业化国家企业的平均比值高4.7倍，其中流动资金负债率达100%，表明建筑业企业流动资金完全依赖于贷款。建筑业企业没有自己的流动资金，完全依靠银行和向其他金融机构贷款或向其他经济组织拆借。这就好像一个有生命的机体没有自己的造血功能而只能依赖输血存活。企业要保持正常运营，一般情况自有流动资金应达到企业全部资金的25%~30%，因此改变建筑业企业资产负债结构的基本思路是变流动资金的"输血"为"造血"，设计建筑业企业资产负债结构，降低负债比率的关键是降低流动资金负债。换句话说，建筑业企业资本金制度的建立必须含有适量的流动资金比率。目前可靠的办法是将银行对企业的足额流动资金贷款改为向企业投资，转增企业资本金。实际上，从现实条件出发，要降低企业资产负债结构面临两难境地，应从如下两个方面：一方面，考虑到我国企业资产负债偏高的惯性和金融市场的发育水平以及国家财政状况，在一定时期内难以对企业负债做较大幅度的调整。下面引用一个例证，或许能够从另一角度支持上述观点。据国家统计局统计，在12.4万家国有企业中，资产负债率为75.1%，如扣除企业资产净损失和资产挂账4000亿元，资产负债率上升到83.3%，假定把这12.4万家国有企业资产负债率从83%降到60%，则需要增补资本金9500亿元，如果扩展到所有国有企业，需要的资本金会更多，那么如何筹集这笔庞大的资本金？另一方面，相比较而言，我国企业资金周转速度慢、效率低，企业自身还债能力低，因此企业负债水平应低于50%的总资本负债率，才是符合我国企业实际状况的正确选择。

降低企业过高负债率是一长期渐进目标，目前主要有如下途径可供选择。

（1）对亏损严重、资不抵债的企业实行产权重组或破产淘汰，促进资源的重新配置和优化组合。

（2）对支柱企业和骨干企业应区别情况以豁免部分债务，通过卸掉历史债务负担，使其进入良性循环发展轨道。

（3）对政策性原因造成的企业沉重负债，可视情况豁免一部分，停息挂账一部分或贷改投转增国有资本金一部分。

（4）对政府拖欠款形成的企业三角债，按形式的不同原因和途径分别冲减中央税、地方税或共享税。

（5）对企业的亏损挂账，属于财政应补未补的，应补足；属企业自行消化的，要制订补亏计划，逐年落实。

（6）对企业的贷款损失，应区别对待。已成为呆账的，属于企业责任的由企业在以后年度利润中弥补，非企业原因造成的应按银行贷款呆账冲销的审批程序进行处理。对于坏账本着"销账不销案"的原则，可从实施"两则"后提取的坏账准备金中逐年冲销。

（7）对企业之间的债务债权关系，视具体情况，采取债权转股权，或以资产作抵押，或以有价证券作质押，或实行兼并，或以资产出售收入抵补等。

（8）对那些少量的极具优势的企业，应充分发挥其潜力，由其购买和兼并劣势企业，组建企业集团。

（9）通过引进外资和采取嫁接方式，改变资本结构，降低企业负债率。

（10）有选择地在财政、银行和企业间进行债务清理和重组，以解除企业债务负担。企业负债率的调整应与企业股权改造相结合,广辟财路,多渠道增加企业生产经营资金,形成企业增补资金的正常机制。

4.4.3 产业结构调整与多元化经营

实施单一产业发展战略的企业注定不会有发展前途,尤其是企图向规模经济发展的企业更是如此,这一点已被越来越多的人认识。但是就多数建筑业企业而言,合理的产业结构尚未形成,许多企业多元化经营尚在浅层次徘徊,重复投资、重复建设、产品单一、质次价高、资源浪费、效益低下现象比较普遍。但是,也有不少建筑业企业多元化经营已经达到相当规模和水平,并不断向高质量、高水平阶段发展,产业结构得到不断调整和改善。我们认为,建筑业企业的产业结构调整应按"4∶3∶3"比例进行设计,即主导产业占企业总营业额的40%左右,房地产约占30%,其他多元化经营约占30%。形成以主业为龙头,以房地产和"科、工、商、贸"为两翼的企业产业结构。这样的产业结构将有助于企业形成较强的抗风险能力和合理的企业经营战略格局,有利于企业提高积累水平和增强经济实力。目前,大力发展多元化经营、完善企业经营战略在全行业已经成为强劲的发展态势,已经或正在取得积极成效,但有两种倾向值得注意。

第一,由于不适应当地强化多元化经营地位和作用,部分建筑业企业忽视主业的发展,企望通过多元化经营发展拯救不景气企业,而将过多精力倾注于多元化经营扩张,对主业造成了一定损害。一些建筑业企业认为,主业的发展由于受现行微利政策限制,始终难以获得较高积累水平,争取宽松的生存与发展空间,因此将视角投向其他产业领域而未能从主业自身寻求解困良策。建筑业企业要获得主业较大发展,建筑产品价格改革要尽快取得政策上的突破,否则难以改变建筑业企业窘迫现状，也不可能与国际工程承包市场接轨。但就建筑业企业本身而言，更重要的是必须突破滞留于"施工阶段"的局限，而应向施工的两头延伸，培育和逐步提高多元化经营的能力和水平，提高房地产开发和装饰水平，提高科研、设计、材料设备采购、调试，甚至包括前期经营的一体化总承包能力，否则囿于"施工"始终难以摆脱打工仔地位，盈利水平和资质能力也难以提高。必须清醒地认识到的是，建筑行业的振兴和发展必须从主业自身寻求出路，否则别无他途。况且，我们对发展主业毕竟轻车熟路，干了十几年甚至几十年，积蓄了大批的人才、管理经验和装备。这些都是开发主业的资源和优势，比所承担的风险要小一些。何况发展多元化经营的原始投入来源于主业的积累，并且多元化经营启动后还需要不断追加投资，而依靠多元化经营自身滚动发展并非易事，这已经为许多企业实践所证明。

第二，建筑企业发展多元化经营，试图以此增强企业抗风险能力和盈利水平，这已经成为广大建筑业企业的自觉行动，由此出现了建筑行业资源已经或正在向其他行业转移，而且有的地区企业资源转移的方向、力度、深度、规模和速度已经开始影响主业的发展。因此，从行业管理的角度讲，应坚持这样一条基本原则：建筑行业资源的转移应以不损害行业自身发展为限。不能忽视当前一些国有建筑业企业，尤其是一些行业的大型骨干企业提出并已经实施的将一流的人才、一流的技术、一流的管理和一流的设备投入多元化经营项目和领域。我们对此表示忧虑，如果这种以牺牲行业发展为代价的资源转移仍然不能触动行业产品价格政策的调整，或尽快形成以市场定价的建筑产品价格形成机制，使广大建筑业企业看不到主业发展的希望，那么这种资源转移势头将难以遏制。从发展趋势上讲，最终可能形成损害行业自身发展为代价而造成行业资源的过度转移，而这种过度转移可能会被市场供需规律抑制，从而导致行业资源回流。但这是以行业被损害为代价的,并将形成一种被动式的政策调整。这种结果是我们所不希望看到的。

4.4.4 组织结构调整与资产重组

现有多级法人制企业,无论是大型建筑企业或特大型建筑业企业基本具备了企业集团的雏形,探讨这类企业的组织结构调整和资产重组形式比较有意义,何况其涵盖了单一法人制企业,因此这里以试图向建筑企业集团演变的多级法人制企业为对象进行讨论。一般地讲,国有建筑业企业组织结构调整可按照六条线进行分解、合并和重组:主业生产系统、房地产开发系统、实业开发(包含装饰、事业单位企业化经营、多元化经营)系统、设备租赁系统、物资供销系统和社会综合服务系统,在一个企业集团内形成六个相对独立的垂直管理体系。这样将有利于精干主体,突出主导产业的地位和作用。企业改组应以整个企业集团为对象来展开,而不是以某一层次的法人群体更不是以某单一法人企业为改革目标。

企业总部的改组。企业总部应向核心企业方向发展,壮大经济实力,完善融投资功能,争取国有资产授权经营,通过产权改造,形成母公司与全资子公司、控股子公司和参股公司之间的母子公司体制。改组后的核心企业主要职能:一是进行直接经营,二是履行对所属子公司的产权管理,以出资者身份享有收益权、重大决策权和选择管理者的权利。企业总部改组主要存在两大问题:一是要注重行政管理职能向资产管理职能转变;二是直接经营实力较弱,应采取不同形式、通过多条途径壮大核心企业经营实力,成为集团发展的主导力量和牵头企业。

原各公司首先将主导产业部分与其他系统分离,根据各自的优势和现实基础条件,进行土建、土石方、安装、吊装、装饰、特构、运输、调试、试验等各专业力量分解、合并、重组，通过各专业力量相向集中形成"拳头"专业优势，形成各具特色的专业公司，而原行政性管理公司解体。新组建的各公司之间既分工又协作，优势互补、协调发展，将彻底改变传统体制下企业大而全、小而全、万事不求人的组织结构形式。按照社会化大生产需要组建的各专业公司密切配合，将使企业集团在整体实力上得到进一步增强，真正发挥技术上优势互补的组合效应，在专业分工上的规模效应，在资金动用上的整体效应和放大效应。各公司改组一般从有限责任公司起步，视发展需要有条件的可逐步向股份有限公司转化。

原各公司内部的分支机构在进行分解重组后，可以分步改造为新的专业公司的子公司和分公司。一般地讲，离本部较近、缺乏较强经济实力的可改组为公司所属分公司，与公司共同形成生产经营的主体。另一类是长期在外独立运作，形成了比较强的经营管理能力，而且技术装备达到了一定规模和水平，具备了自主经营、自负盈亏的能力，可改组为公司投资控股的子公司，并构成企业集团的半紧密层企业。

各公司改组后，相互之间的联系是由技术上的互补性和专业分工上的相互依赖性而产生的，整个集团的凝聚力进一步增强，但这种以生产经营技术作为联结纽带是不牢靠的，它可能常常伴随着很强的行政命令才能奏效。所以各公司应以产权为纽带，通过相互间交叉持股、互换股权或循环持股等多种形式，构造一种新型的更紧密、更牢靠的资产联系。但要注意子公司不得向母公司反向持股，以免造成母公司股权混乱。

其他系统的改组可同步进行，也可在主业改组完成后分步进行。按照扬长避短、存优去劣的原则，充分发挥专业优势，形成独立动作的垂直管理体系，并与母公司建立控股与被控股的资产关系，形成母子公司体制，成为企业集团的紧密层企业。

企业组织结构调整表现为企业资源按照市场机制原则进行优化配置，其实质是企业资产的重新组合，因此企业应建立模拟产权转让市场，促进企业资源流动，通过联合、合并、兼并、分立等多种方式，实现资产重组和企业组织结构的调整与完善。应当强调的是，企业改组成功只是为企业发展提供了制度上的保证，但要使企业适应市场要求，获得持久发展的动力源泉，避免企业破产噩运，则必须进一步转换企业经营机制，因此企业改制与转轨必须同步进行。这一点是非常重要的。

第5章
建筑业施工管理体制改革

1984年建筑业作为城市经济体制改革的突破口，实行了全行业的招标承包制，首次引入市场竞争机制，在传统计划经济体制下形成的由国家分配任务的国有建筑业企业面临严重挑战。1985年5月国家计委召开全国施工工作会议，总结了鲁布革工程管理经验，提出所有新开工项目推行项目法施工，以此作为深化建筑业施工管理改革的突破口。1987年10月，国家计委会同工商等五部委发文，确定了18家推广鲁布革经验的试点企业，1990年试点企业扩大到50家。1987年8月建设部在广西桂林召开全国项目法施工研讨会，提出了六个基本观点：项目法施工是深化施工管理体制改革的突破口；项目法施工的基本特征是动态管理和生产要素的优化组合；项目法施工必须实行两层分离，而这两层分离又具有不同内涵；项目法施工必须强化以项目承包为基点的内部承包机制；项目法施工的推进，要坚持分开层次、分类指导、分别推进，各创特色；项目法施工的发展要在历史矛盾和现实问题的解决当中逐渐展开。这次会议提出的基本理论和重要观点奠定了项目法施工的理论基础。1995年项目法施工改称为项目管理，但基本内涵和主要内容没有发生变化。

第5章 建筑业施工管理体制改革

5.1 基本成绩

项目法施工的推行,带动了建筑业的改革,推动了全行业的发展,促进了企业组织结构调整,取得显著成效,主要表现在如下几个方面。

(1)企业的管理体制由行政管理体制转变为项目管理体制,企业形成一种根据市场要求承接不同类型项目的应变机制。特别是在劳动、人事管理、工资分配上,由单一行政级别转换为与项目挂钩的动态管理机制;在工程项目上,做到干部能上能下、工资有高有低、职工能进能出。

(2)推进以项目管理为基础的企业内部配套改革。大多数建筑业企业围绕工程项目管理,进行企业内部组织机构调整和配套改革,撤销了原有的工程处、施工队,组成了项目管理部,施工作业分公司,专业施工分公司及若干事业部,形成了以项目管理为核心的企业新型施工管理体制。据初步统计,目前全国大中型建筑业企业打破原有固定行政建制体制,推行项目管理的已达到100%,取得一定效果。

(3)两层分离与两层建设同步推进。建筑业企业在推进两层分离的同时,加强两层建设,逐步将作业层改组为专业公司,既在企业内部分包工程,又独立在社会上承揽工程任务。有力地促进了企业和行业组织结构调整。许多企业结合项目管理,不断进行劳动力结构的调整,使行业劳务向基地化方向发展,企业劳务向二元化方向发展,在劳务基地与企业之间建立起定点定向、专业配套、双向选择、长期合作和"一业为主、多业并举"的经营机制。

(4)实现企业生产要素动态管理和优化组合。许多企业引入市场竞争机制,建立了内部劳务、资金、材料、机械设备等资源有序流动和重组的机制,真正实现生产要素在项目上进行动态优化组合。

（5）建立稳固的多功能后方基地。许多企业为了保证精兵强将上一线，努力发展多元化经营，加强后方基地建设，积累了很好的经验，自1987年开始，一些企业积极探索既加强精干施工又发展多种产业、符合市场经济发展要求的企业经营战略新路。目前已形成施工、工程总承包、房地产开发、工业、境外业务，并建立起科研、设计、商贸等实业在内的多元化经营结构，实现了跨行业、跨地区、跨国界、跨所有制的集团式经营发展格局。

（6）实行项目经理责任制。工程项目管理的推行要求企业把经济责任承包由行政层次逐步调整为项目层次，以项目为基点的责任承包体系，突出了项目经理的特殊作用和地位，同时也加重了项目经理的责任。项目经理在接受企业法定代表人委托的前提下，实施对进入项目的生产诸要素优化配置，通过项目经理责任和风险机制的建立，以加强对工程项目工期、质量、成本、安全以及各项责任目标实施有效监督和控制。例如，以中建公司为代表的中央直属企业系统，由于正确理解和把握项目经理的内涵，将项目经理权利、责任和义务有机结合起来，企业集权不损害项目积极性的充分发挥，而项目分权又不影响企业整体优势和综合实力运用，取得项目管理较佳效果。

（7）建立项目成本核算制。许多企业坚持"企业是利润中心，项目是成本中心"原则，以工程项目为核算基点，打破计划经济体制下形成的建筑产品预算定额制度，把原来的施工管理费划分为现场管理费和企业管理费。现场管理费加上直接费构成项目成本核算的基础。不少企业要求项目经理承担项目成本责任，并授予项目经理履行成本责任的有限权力。以保证项目成本的考核注重以降低消耗、确保工期、提高质量与安全生产为主要对象，而不是强调考核项目利润指标，项目创利如数全部上交企业。如果项目创造良好的综合效益，由企业以奖励的形式返还项目，进行二次再分配。

5.2 主要问题

一是项目经理的定位不准确。项目经理不是独立的市场主体，不是独立的民事责任主体，仅仅是企业内部的员工，即使他是取得行政许可的执业人员。项目经理是企业法人代表人在工程项目的代理人，接受法人代表委托实施对工程项目全面、全过程和全员管理，具体职能为工程项目的计划、组织、协调和控制。但目前实践中不少项目经理成为企业派生出来的独立利益主体，在经济上与企业法人形成平等的契约双方，项目经理权力无限扩大，不仅拥有人、财、物调配权，而且拥有经营开拓、劳务用工、物资采购和工资奖金分配等应由企业来履行的权力。严重影响了企业法人权力的完整性、权威性和统一性。

二是项目经理部的固化现象严重。实践中许多企业撤销工程处和分公司，成立了若干工程项目经理部，不少项目经理部严重违背项目管理的一次性特点要求，不是按照工程项目规模、结构、技术复杂程度组建项目管理班子，而是一个项目接一个项目"滚雪球"，致使一些项目经理部由一次性临时组织机构变为固定化的行政建制单位。这种不仅未能促进项目管理体制改革，反而强化了企业传统计划管理体制。建筑业施工管理体制改革的目标是改革传统的以行政建制承担工程项目建设，这个结果与建筑业施工管理体制改革目标背道而驰。

三是项目上不适当地引入承包经营责任制度。企业承包经营责任制度的推行是为了解决国家与企业的分配关系问题，确保企业经营自主权落到实处，同时保证合理处理国家、集体、个人分配比例。承包经营责任制度的立足点是企业具有独立的民事行为能力，在履行民事权利的同时承担民事责任。而许多企业引进承包制也比照此法，项目与企业讨价还价，唯恐项目利益不多、项目权力不大，在同一企业内部形成多个利益主体，严重损害了"企业是利润中心，项目是成本中心"的项目管理的基本原则，企业利润大量地向项目聚集导致企业综合实力和整体优势肢解。

四是错误地推行项目经济合同制度。经济合同是两个有独立民事行为能力并承担民事责任的主体之间的契约关系，而项目经理作为企业内部自然人与企业共同构成一个民事主体，而不是独立于企业之外的独立民事责任承担者。作为市场竞争主体和法人实体，企业承担市场经营风险、盈亏责任和法律责任，项目并不承担任何法律和经济责任，但是一旦企业与项目签订"工程项目承包合同"，这种契约关系就随之成立，而这种经济关系也相应被纳入"经济合同法"调整范围，这种本属于企业内部范畴的运行机制方面的事务却要依据市场规则来调节会严重侵害企业经营自主权。

五是建立企业内部生产要素市场理论误导。企业作为市场竞争主体和法人实体，按照其发展战略和经营目标要求，对企业内部资源进行优化配置，其手段必须是依靠强有力的计划机制以保持政令畅通，保证资源配置的低成本和高效率。"市场"概念的引入项目管理实践中，在企业内部不适当地发挥市场竞争机制作用，项目与企业各职能部门、生产单位均构成交易买卖关系，因而导致大量额外交易成本的产生，不仅造成企业效益的大量流失，而且破坏了企业的有机统一性。

六是两层分离扩大化导致一线操作工人素质低下。两层分离的目的是使管理层和作业层更好地结合，而并不是为分离而分离。两层分离一般适用于大型建筑企业和超大型建筑业企业，也不只适用于国有建筑业企业。而中小型建筑业企业原则上不适宜推行两层分离，建筑工人从企业中剥离后，势必造成企业对使用工人培训的弱化，而拥有一定工人的专业分包企业和劳务企业因为无市场生存和发展空间，也无力对工人进行培训。尤其大量使用农村转移的剩余劳动力，企业受逐利心理和短期行为驱动，"用而不培、管而不教"，难以通过教育培训提高一线工人操作技能。因此，无证就业、无证进场、无证上岗现象比比皆是。

5.3 对策与措施

建筑业施工管理体制改革30多年来的相关经验和教训告诉我们，应当在以下方面进行调整和完善。

（1）科学组建项目经理部。项目经理部的设置应本着"精干高效、结构合理"的原则，根据工程项目的规模、结构、工艺和技术复杂程度和管理工作量的多少确定，项目经理部的人员来源于企业各职能部门，由项目经理提名、企业审批。项目班子成员在接受项目经理领导的同时接受企业部职能部门的指导、检查、监督和考核。项目经理部应是弹性的、可变的，其人员随项目管理和工程建设进度的需要而有序流动。但为了保证项目管理的连续性、完整性，项目经理部人员尤其是项目经理从工程开工到工程竣工施工全过程，一般不应随便调换。项目完工后，项目经理部应迅速解体，强调项目管理的一次性特点，防止因项目经理部固化而造成企业利益主体多元化而削弱企业总体经济实力和肢解企业整体优势。

（2）准确理解项目经理责任制。项目经理是企业法定代表人在工程项目上的代理人，受企业法定代表人的委托，在其授权范围、内容和时间内行使职权，对项目的施工全过程、全方位和全员负责，不得越权。为了确保项目管理目标的实现，项目经理按照承包对象内容和指标突出责任、明确利益。项目经理在授权范围内指挥本工程项目的生产经营活动，调配并管理进入工程红线内的人力、资金、物资等生产要素，有权决定项目内部具体的分配方案和分配形式；受企业法定代表人的委托，有权处理与本项目有关的外部关系，并签署有关合同。而设备购置、主要材料采购、资金回收与使用等权力应集中于企业。

（3）建立和完善项目成本核算制度。推行项目管理要坚持"企业是利润中心，项目是成本中心"的原则，合理划分企业与项目的职责、权限和经济利益。企业建立项目核算体系必须坚持每个项目单独核算，落实责任会计制度，加强成本管理。在项目实施过程中，要做好各项基础工作，包括：制订各项消耗定额、严格计量、建立健全原始记录和各种单位工程的费用台账资料。企业一般应以项目制造成本为项目经理经济责任的考核依据，通过审计确认的项目经济责任目标实现情况，认真落实奖罚。

（4）有条件地推进管理层和作业层分离。两层分离应当局限于大型或者超大型建筑业企业，劳务作业层剥离出去后，按照经营决策层、项目管理层建立和完善企业的组织机构。企业应精简机构，提高效率，保证决策、监控、协调、指导、服务职能的履行，并保持资源的合理分布和有序流动。项目层次则应保证资源的优化配置和动态管理。对企业管理半径难以覆盖的、远离企业总部并承揽到多个工程项目的经营地区，可以组建区域性分公司，作为公司的派出机构，负责该地区工程项目的统一管理。一般中小型建筑业企业应当按照实体型公司建立，必须拥有自己的施工作业工人队伍，从决策、经营和作业三层面，按照各自分工各司其职。

作业层可以通过改变目前建筑劳务分包企业形态，按照工种单一、有限责任和牵头人冠名的方式重构，如赵四工程模板有限合伙企业、王五钢筋有限合伙企业等。通过分包专项工程和向社会开展经营业务,提高其技术水平和作用,并逐步向专业化、微型化、小型化企业方向发展,形成机制灵活、形式多样、适应性强、有竞争能力的企业组织形态。

(5) 逐步推行多层分包制度。建筑业企业管理层与作业层分离使企业失去了一线施工能力,而现行法律规定建筑业企业必须自行完成主体工程施工,这个悖论的出现要求:要么否定前者,要么否定后者。两层分离源自日本。日本推行的是多层分包体系。根据国际多数国家的做法,如新加坡的《指定分包商条例》规定,专业工程必须由总包单位分包给专业企业承担。按照社会化大生产发展要求,社会经济越发达,专业分工也越细,现代科学管理理论描述了专业分工产生的高效率和高效益。无论如何分包,也无论有多少重分包,只要明确责任主体为总包单位。通过总包单位责任追偿,既不会动摇项目管理理论根基,也不会危及工程质量和安全。

(6) 建立建筑工人岗位技能认证和注册制度。建筑工人从历史沿袭的八级工资制过渡到高级技师、技师、高级工、中级工、初级工五级制,形式上的变化难以掩盖农民建筑工人涌入建筑工地管理失控状态。必须建立每一位建筑工人进入工地持证、上岗作业持证制度,经过注册方可上岗。建筑工人应当经过专业培训,掌握必要的专业理论和操作技能,经过严格考试或者考核,取得职业技能岗位证书,作为进入施工现场和上岗凭证。建立建筑工人岗位技能认证全国统一管理机构,制定相应的管理制度和规章,加强对建筑工人岗位技能认证和持证上岗立法,辅以经济、行政多种手段配套监管。落实《中华人民共和国职业教育法》职工培训经费来源,可以参考我国香港相关经验(将教育经费来源法制化和强制划拨相关培训机构)。

(7) 企业资质范围与市场细分相配套。建筑业企业资质制度分为总承包、专业承包和劳务分包,但工程承包市场却没有进行细分,各类企业在同一个市场上竞争,必然造成专业分包企业和劳务企业竞争劣势,使专业分包企业和劳务企业的生存和发展空间逐步缩小甚至消失,这样两层分离的意义就不复存在了。竞争的结果不仅导致企业同质化、行业组织结构畸形,而且挂靠、非法转包愈演愈烈。应当对建筑市场进行细分,可以按照投资额设定,也可以按照投资性质设定,每一类企业只能在特定的市场中竞争发展,而不能越过市场边界。特级企业有特级企业的市场,专业承包企业有专业承包企业的市场,劳务分包企业只能提供某一特定工种服务。

(8) 联合承包就低不就高。现行法律规定工程联合承包体资质就高不就低,其导致的结果是只能实行强强联合。日本政府规定了四种工程联合承包模式:一是特定联合:适用于大规模、技术复杂的特殊工程。二是经常联合:中小型建筑业企业为确保企业间的合作关系,强化企业的技术能力和经营能力而结成的联合体。适用于中小企业联合投标。三是地区维持型联合:通过该种联合承包形式,使特定的、地区长期的、工程项目能够得以维修和管理,确保工程的可持续性。例如,寒冷地区的道路维修工程。四是复兴联合:适用于赈灾工程。为解决受灾地建筑业企业的技术力量及技术水平不足的问题,通过当地企业与外地企业联合承包工程,已达到确保灾害地的劳动力不足及提高受灾地企业的技术水平的目的。联合的目的是强扶弱、大带小,推动行业共同发展和整体提升,而且更重要的是:这对中小企业也是一种政策保护。

(9) 企业内部生产要素配置应逐步实现社会化。作为权宜之计,在一个时期建立企业生产要素市场是必要的。但企业内部资源配置应坚持强有力的计划管理手段,防止成本单独核算的项目经理部与企业内部纵向和横向形成市场交易行为,从而造成独立法人企业内部交易成本的无限增长，导致企业总体成本加大。在企业集团内部，由于众多的相对独立的法人实体的存在，企业可以运用市场和计划相结合的调控手段。企业内部生产要素市场应逐步向社会要素市场过渡，促进设备租赁、材料期货等市场健康发展，企业主要应通过社会化的生产要素市场获得资源配置。

（10）进一步推进企业内部配套改革。企业要大力推动人事制度、用工制度和分配制度改革，切实转变企业经营机制；要加大企业组织结构调整力度，建立和完善企业层次和项目层次（企业层次应保持资源的合理分布和有序流动，项目层次应保证资源的优化配置和动态管理）；要强化企业专业管理和基础管理，促使财务、质量、安全和合同管理等制度与国际惯例接轨；要加强项目思想工作和民主管理；要强化对项目的监督和管理，建立健全经济、法律、行政和思想工作调控体系和制约机制。

| 第 6 章 |

改革建设工程监理制度

6.1 建设工程监理发展现状

随着我国工程建设领域改革和对外开放的深化，在我国工程监理制度不断得到推广与应用，其意义和作用逐渐得到社会和行业的重视。在建筑市场还不规范的情况下，实施工程监理制度在很大程度上确保了建设工程的质量和安全，提高了工程投资的效益，促进了市场经济条件下我国整个工程建设领域体制的完善，取得了巨大的社会综合效应。

6.1.1 相关法律法规体系逐步完善

《中华人民共和国建筑法》《中华人民共和国民法典》《中华人民共和国招投标法》《建设工程质量管理条例》《建设工程安全生产管理条例》《注册监理工程师管理规定》《工程监理企业资质管理规定》《建设工程监理和相关服务收费管理规定》《建设工程监理范围和规模标准规定》《建设工程监理规范》《监理合同范本》《关于大型工程监理单位创

建工程项目管理企业的指导意见》等,以及各省市有关监理方面的具体规定办法共同组成了我国建设工程监理的法律法规体系。法律法规体系的逐步完善对工程监理制度的发展起到了极大的推动作用。

6.1.2 行业规模不断扩大,社会认知度逐步提高

我国监理行业的发展已形成一定规模,截至2010年底,全国大小监理公司有6000余家,从业人员为67万余人,企业营业收入1100多亿元(含招标代理、造价咨询及项目管理等收入),涉及房屋、市政、电力、水利水电、铁路、公路、港口、石油化工、冶炼、航天航空、矿山、森林绿化等行业,为我国工程建设领域做出了较大的贡献,也在维护公众利益、确保公共安全方面承担了一定的社会责任,逐渐被社会接受和认同,是建设工程领域不可或缺的管理中坚力量。

6.1.3 政府、协会、监理单位"三结合"的管理体系逐步形成和完善

住建部、各行业职能管理部门、各级省(直辖市、自治区)建委、各地区市等形成了政府监督管理体系。全国性监理协会及地方性监理协会构成了行业协会监督管理体系,协调并指导行业发展。在企业层面,我国监理企业分为甲、乙、丙三个等级,在具体实施工作过程中已基本形成一套适合其自身的管理制度。在"三结合"的管理体系中,政府起到宏观管理和监督的作用,行业协会起到中间纽带作用,各企业起到落实、实施作用。

6.1.4 形成了稳定的监理人才队伍

通过20多年的发展,行业内已形成比较稳定的监理人才队伍:从

业人员达 60 万人左右，注册监理工程师为 10 万余人，包括行业资深专家、监理大师、企业经营管理者、总监、专业监理工程师、监理员等。

6.1.5 积累了大量的工程监理经验

20 世纪 80 年代末，我国依据国际工程菲迪克条款创造了工程监理理论，国内没有任何经验。但通过 20 多年的发展，我国已经在工业与民用建筑、交通、市政、电力、水利等各类工程中积累了大量经验，为今后的发展奠定了良好的基础。

实践证明，工程监理制度的实施对转变政府管理职能，加强建设工程领域的专业化管理、提高建设工程的质量和效益起到了不可替代的作用。但工程监理在发展过程中也不可避免地出现了一些问题。

6.2 建设工程监理发展中的问题

6.2.1 监理工程师定性不清

我国监理行业定性复杂，一直影响和制约着行业的有序、健康发展。目前监理除完成业主委托的任务之外，还履行法律法规和政府赋予的部分监管义务；前者是咨询服务性质，后者带有一定的强制性质；前者是市场行为，后者带有一定的政府管理色彩。工程监理的"双重性"给监理企业和人员带来了很大困惑。

我国实行建设监理制度初期，试图通过引入监理第三方的约束机制遏制工程建设中存在的腐败现象，监理工程师似乎还兼有检察官的职责，导致我国监理工程师的作用更趋复杂化。政府将许多应该由执法部门行使的职责转嫁给了监理企业,而作为企业是不可能实现的。在建设监理理论和实践中,强调公正独立的同时,还监理以服务本质,并按此重新定位监理工程师的位置。

6.2.2 强制监理弊端渐显露

强制监理在工程监理制度实施之初发挥了积极作用,但产生的负面影响也不容低估。第一,工程强制监理导致地方层层加码,监理服务范围无限扩大,造成监理力量与监理任务严重失衡。第二,强制监理使具备工程管理力量的业主被迫聘请监理单位,进而无限度压低费用,扰乱建筑市场,而且业主和监理两套班子对同一工程实施监督管理,造成资源严重浪费。第三,强制监理属于人为创造市场,在"粥多僧少"的背景下,部分监理企业急功近利,粗放经营,加重了监理企业对政府的依赖。第四,强制监理不符合工程监理作为社会中介组织的性质,既然作为中介组织就不应当由政府强制规定必须委托服务,也不应当由政府规定收费标准。这种做法实际上强化了政府对市场的干预。如果不能摆脱依靠行政力量推动监理事业发展的局面,市场配置资源的作用就难以在监理行业中实现。

6.2.3 工程监理的责权利错位

工程监理的责权利错位表现在以下三个方面:一是监理权利无法得到保证;二是法律责任界定模糊;三是法律责任追究太过严厉。监理企业普遍感到权利越来越小,而承担的责任越来越大。建设工程监理的实施需要建设单位的委托和授权,建设单位将工程监理"四控制两管理一协调"(四控制:质量、安全、工期和成本,两管理:合同和信息,一协调：全面地内外组织协调）工作委托给了监理企业，但工程款支付、工程索赔、工程变更的审批权等经济权并没有真正委托给监理企业。没有经济权的保障，监理的许多指令无法贯彻。

6.2.4 工程监理取费过低

近年来，工程监理费用有越来越低的趋势，原因是多方面的。第一，工程监理取费率标准低；第二，建设单位压价现象比较严重；第三，监理单位之间在招投标时恶性竞争，互相压价，建设单位在选择时偏向低价中标。

工程监理的费用低对其健康发展带来极大的负面影响。监理单位低价中标后为节约成本，保证利润，采取减少人员数量投入和高素质监理人员投入的策略，大量使用监理员和年轻的大中专、职校毕业生，监理工程师极少，总监兼任多个项目。在岗监理人员因为报酬低，工作环境差，工作积极性降低，工作成效差。同时，大量优秀监理人才流失，一部分流到建设单位（尤其是房地产开发商），一部分流到施工单位。监理行业的人均产值低下致使监理单位没有资本积累和人才积累的机会，最终导致监理单位无法做大做强。

6.2.5 监理工程师的门槛相对过高

根据监理规范的规定，担任专业监理工程师及以上的岗位均需获得注册监理工程师证书。按照现行监理工程师执业资格及注册规定和办理周期，一个大学毕业生至少需要10年的时间才能获得监理工程师注册证书。而获得同行业的注册建筑师、结构工程师、建造师、造价工程师资格仅需5年左右的工作时间。

第6章 改革建设工程监理制度

6.3 建设工程监理发展建议

6.3.1 加大行业改革力度,加强发展战略研究

我国经济的发展、投资主体的多元化、政府管理职能的转变和与国际的接轨,对我国工程监理的发展提出了新要求:一方面要求我们适应技术相对落后的建筑业现状,另一方面要求我们适应日益多样化的管理需求。面对新形势和新任务,我们应积极组织力量进行研究,探索一条适合中国国情的工程监理发展之路;应对行业发展做深入的理论探索和战略研究,制定全国性的监理行业发展纲要,对行业的制度建设、行业定性与定位、行业责任界定、行业改革与发展方向、行业结构、行业队伍建设和人才培养、行业取费等突出问题进行重点研究,找到行业近期改革中长期改革的方向,指导行业健康发展。

6.3.2 厘清工程监理的性质,逐步取消政府强制监理

从长远来说,取消强制监理是大势所趋,监理仍应定位于咨询性质。但考虑到实际状况,可以选择先缩小强制监理范围的方式。对于国家投资的项目,属于政府监理,带有强制性质,政府以可通过招标获得监理服务;对于民间投资的项目,属于社会监理,应为非强制的咨询性质,业主可以通过自愿采购获得监理服务;对于混合投资的项目,若以政府资金为主导则采用强制监理,若以民间资金为主导则采用社会监理。

6.3.3 明确工程监理的定位,向建设工程全过程扩展

目前,从政府的角度来说,工程监理重点定位于施工阶段的质量和

安全。但从制度建设的初衷和工程监理的发展需求来看，工程监理宜定位于项目建设的全过程，包括全过程和阶段性的咨询服务。其实，两者并不矛盾，只是需求者的需求角度不同导致定位范围不同。政府目前更希望定位于前者，社会和服务提供者更希望定位于后者。后者涵盖前者，前者最终的需求会趋于与后者的定位一致。因此，近中期监理可定位于施工阶段，长期应定位于全过程。这样也有利于监理和项目管理一体化发展。

6.3.4 调整行业结构，满足市场的多样化需求

随着我国加入 WTO，国际上有实力的同行与企业纷纷登陆中国，市场竞争、人才竞争、资源和技术竞争日趋激烈。政府应当引导监理企业的发展，逐步形成具有层次的"金字塔"形监理梯队，增强企业竞争力。"塔顶"是有能力从事全过程项目管理、项目代建和综合性工程管理咨询服务工作的少部分骨干企业，能够参与国际竞争、引领行业发展，其成长、壮大需要政府扶持。"塔身"是在各行业、各专业领域中从事施工阶段监理工作的部分"专、精、尖、特"企业。这类企业需要加以规范、整顿和加强。"塔底"是提供旁站等劳务性工作的大部分监理企业，适宜通过市场规律逐步形成，政府应给其相对宽松的政策。层次化监理梯队的形成有利于提高监理企业的活力和创新力，满足市场对服务产品的多样化需求，形成结构合理、产品齐全、特色明显的现代工程咨询服务体系。

6.3.5 提高监理取费标准，提升从业人员素质

目前，整个监理行业的取费普遍存在偏低的现象，不利于留住和吸引素质较高的人才，不利于监理企业的自我发展，也不利于提高监理工

作水平。监理行业应加强正面宣传，提升行业自信心和荣誉感，提高监理的社会地位和工作待遇，缩小与设计等同行业内人员的待遇差距；在吸引中青年技术管理人员的同时净化监理队伍，提高各级监理人员准入标准；提高监理队伍的素质，包括责任心、管理、技术、道德等方面的综合素质；建立全国范围内监理企业和监理人员信用信息档案管理制度；建立优胜劣汰的市场运转机制；建立灵活、高效的监理人员流动制度；加强监理人员的培训和再教育。

6.3.6 合理界定监理责任，推动监理责任界定的标准化

监理责任界定不清是制约监理行业发展的桎梏。合理界定业主、设计、监理、施工之间的责任，有利于增强监理责任感，鼓励监理人员大胆工作。

明确责任分类。监理责任按性质可分为刑事责任、民事赔偿责任和行政处罚。监理责任按对象可分为监理单位和监理人员。

责任界定的依据。委托监理合同和相关法律法规应作为明确监理责任的主要依据。监理质量和安全责任应限于法律法规和合同的界限之内。

责任限定的范围。监理责任限定的范围包括永久工程质量问题及事故、监理人员履行合同时行为过错导致建设单位直接损失、法律法规规定的监理人员应承担的责任。

应承担责任的行为。监理方应承担责任的行为包括错误指令导致损失或质量安全事故，将不合格的建设工程、建筑材料、建筑构配件和设备按照合格签字，与建设单位或施工单位串通、弄虚作假、降低工程质量，违反国家规定、降低工程质量标准或违反重大质量安全事故。

加强监理责任界定的同时，应当注意不能无限夸大监理的责任范围，应组织力量制定监理责任的鉴定标准，成立监理责任鉴定委员会，消除

"施工有问题监理必定有问题""质量有问题首先是监理问题""业主不懂,所以请监理承担责任""施工有问题,监理必须负连带责任"等不良观念的影响,提倡建立监理企业和个人执业的保险制度,增强监理单位和监理人员的责任心,提高工程的风险防范意识,推行监理工作的标准化体系建设。

6.3.7 整合咨询企业执业资质,避免重复设置和资源浪费

国家层面应对监理、造价、咨询、招标代理的执业资格、企业资质进行有序整合,确保不重复设置及造成资源浪费,不将其人为分开,而是形成一个有机整体。

6.3.8 培育诚信体系,提高行业地位和公信力

当前,我国市场经济发育尚不成熟,社会性企业、个人信用体系尚未建立。为确保行业正确发展,我国可以建立监理企业、监理工程师的评价体系。如果监理企业提供的监理服务达不到委托合同规定或不能令委托人满意,那么该监理企业的信用就应有不良记录并为此承担后果。另外,我国应发挥监理协会在评价监理企业及监理工程师的信用、遏制监理企业恶性竞争、规范监理企业的服务质量及服务行为等方面的作用。

总之,我们应当转变思想观念、勇于探索,以发展的眼光、动态的观点和创新的思想来改善与推进监理工作,对当前面临的新问题、新形势和新任务进行客观分析和研究,采取政策措施加以引导,保证行业健康快速发展,推动我国工程监理和咨询行业不断发展壮大。

第 7 章
工程质量监督和管理制度改革

7.1 现状分析

7.1.1 工程质量状况

（1）建设部抽检情况。2008 年 1 月 28 日，住房和城乡建设部印发了《关于 2007 年全国建设工程质量安全监督执法检查情况的通报》，从检查统计看，勘察、设计、施工环节工程建设强制性标准检查项的符合率分别为 72.29%、80.65%、55%；各方主体质量行为检查项的符合率分别为：建设单位为 93.01%、勘察设计单位为 75.03%、施工单位为 58.90%、监理单位为 59.91%、工程质量检测机构为 94.80%、施工图审查机构为 97.21%。根据建设部每年发布的全国建设工程质量安全监督执法情况的通报，建设项目各方主体质量行为检查项符合率的排序由低到高分别为施工单位、监理单位、勘察设计单位、建设单位、工程质量检测机构、施工图审查机构。因此，从建设部抽检情况看，目前建设项目质量的影响因素主要是施工阶段把关不严。

（2）用户投诉情况。据深圳建设工程质量监督站 2008 年统计分析，工程质量投诉点主要反映为墙体墙面楼地面裂缝、厨卫外墙渗漏水、外墙装饰面脱落等装饰装修工程的质量通病。室内室外渗漏水占 32%，使用功能安全隐患占 19.7%，室内室外墙面裂缝占 19%，室内外地面下沉、裂缝占 7.3% 等使用功能类的质量通病问题突出。结构安全方面主要反映在地铁施工影响周边建筑物等方面问题。

从用户投诉情况看，主体结构方面问题并不多。并不是因为这类问题不存在，而是因为主体结构问题隐蔽性较强，住户不具备相应专业知识（一般，只有在房屋发生由于主体结构问题导致的沉降、倾斜和裂缝出现时，住户才发现）。而构造与观感类问题是影响美观或建筑物使用年限的问题，购买者投诉较多的是窗角、现浇楼板裂缝，墙面、地面粉刷层空鼓、起砂、开裂等构造问题，一般不影响结构安全，但会影响使用者的使用感受。使用功能问题直接影响了购买者的使用，由此相关投诉较多。使用功能问题主要是屋面、端面、窗台、厨房、卫生间的渗漏。

7.1.2 建设各方主体的常见质量违规行为

（1）业主的不规范行为。业主在工程项目建设质量管理过程中起着主导作用。业主的行为规范直接影响着各方建设主体的投入。在这方面，我国一直存在较多的问题。虽然《建筑工程质量管理条例》第二章中共有 11 条对建设单位的质量责任和义务做出的明确规定，但是由于建设单位处于出资方的主导地位，很容易转嫁责任。从建设部的抽查情况看，建设单位的质量行为不符合率低于施工单位和监理单位，但实际上建设单位影响工程质量行为普遍存在，成为影响建筑工程质量的重要因素。业主影响工程质量的行为主要表现在以下几个方面。

一是违背建设程序。建设程序是保证建设项目工程质量和正常进行的必要措施,是建设过程经验和教训的总结,因此程序虽然有时显得烦琐,但严格按程序操作是工程质量得到保证的重要条件。目前建设项目不严格执行建设法定程序的还是比较多:有的项目开工后才办理报建手续或申领施工许可证;有的项目应当实行招标,但未招标就让施工队伍进场;有的项目已经选定了施工队伍或已经开工,才委托监理单位。这些行为混乱了建设程序,由此导致两方面问题:一方面留下质量隐患,另一方面也使工程质量缺乏法律的保障。

二是盲目压工期。建设工期受诸多客观因素制约,有一定的合理范围,合理工期是工程质量得以保证的必要条件。我国有相当一部分建设工程(特别是一些形象工程、重点工程),往往突破常规,违背科学规律。根据里程碑事件,倒排进度计划,迫使工程建设参与各方严重违背科学的施工规律和进度安排,甚至牺牲质量去抢工期,这样给工程带来重大的质量隐患。

三是盲目压价。在招投标过程中,有些建设单位行为强势,以房地产商为代表,往往倾向于控制成本支出,片面强调"最低价"中标,造成中标价偏低,导致建设施工主体难以有效保证必要的人力资源和资金投入,弄虚作假、假冒伪劣、以次充好的情况时有发生,质量保障失控。

(2)施工企业的质量违规行为。建筑施工是一个进入门槛很低的行业。农村大量剩余劳动力大多流入建筑施工行业。长期以来,建筑市场一直是"僧多粥少",在激烈的市场竞争中,施工企业迎合业主的各种不正当要求,压级压价、违法转包等多种不正当竞争行为时有发生。其中,尤其以违法转包对工程质量危害最大,几乎所有重大质量或安全事故的背后都有违法转包的情况存在。违法转包造成以包代管、层层盘剥、偷工减料、赶工省钱。这些行为是导致工程质量出问题的直接原因。

(3)勘察设计企业的质量违规行为。工程勘察设计质量总体比较好,但设计引起的质量问题往往具有隐蔽性,且一旦出事后果严重。勘察设计单位主要存在以下常见违法违规行为:不认真执行有关规范、规定的现象时有发生;建筑设计过于注重形式而忽视使用功能;设计深度不够,图面表达不规范、质量达不到要求;校审制度执行不力,会审不严,审查责任不清;应甲方要求随意变更图纸现象相当严重,有的降低了质量标准,有的违反了国家强制性规范;工程地质勘查不认真执行相关规范,报告编写不够严谨,图表和内容的表达不规范、不标准。

(4)监理企业的质量违规行为。监理企业的违规行为发生率仅次于施工企业。目前建设监理市场运行存在很多问题,具体表现为:监理队伍人才缺乏,总体素质不高,难以适应市场规模和高智能技术服务工作的需要;在监理业务的承揽方式上,存在着转包监理业务,挂靠监理证照的现象;总监理工程师身兼多职,监理人员配备不足,监理工作不到位。

7.1.3 工程质量监督状况

(1)质量监督多头管理,资源浪费。目前,我国对建设工程质量的监督管理是按照建设工程质量的形成过程,并分阶段对建设工程质量进行监督管理的。其中,工程立项阶段的质量由国家计划部门实行监督管理;工程勘查设计阶段的质量由施工图审查机构负责审查监督;施工阶段(包括竣工阶段)的质量由建设单位委托的监理单位和工程质量检测机构以及政府的工程质量监督站实行监督控制。多头管理会使监管程序变得复杂,而且割裂了工程项目设计与施工的内在联系,给工程建设项目的开展造成一定的影响。

另外,目前建设、铁路、交通等有关部门均在各自的职责范围内进行工程质量监督管理,标准不统一,运行机制不同。这不利于我国建设工程质量整体水平的提高。更重要的是，多头管理导致机构设置重复，造成人、财、物大量浪费。

（2）监督低效。自 20 世纪 90 年代以来，各地建设工程质量监督机构及人员总数基本保持稳定，但在近十年，随着房地产市场的蓬勃发展，建筑市场急剧膨胀。20 世纪 80 年代，质量监督人员监督 3 万~5 万平方米，现在某些一线大城市的质量监督人员人均监督面积已经达到 50 万~200 万平方米。目前大部分的质量监督站，实行的是"事先预约，阶段到位，实体抽查"的监督机制。这种机制不是事前主动预控、预防，而是事后把关。而且监督人员习惯于参加工程节点的验收，人少、工程多，导致工程验收时间常常要根据监督人员的时间表排定（一方面影响工程进度，另一方面监督人员走马观花也难以发现问题，造成监督低效）。

（3）监督手段方法落后。目前质量监督机构的监督手段为以外观和核查工程资料为主的单一监督手段。以传统的"看、敲、听"等质量检查方法远远落后于科技发展水平，影响工程质量的监督力度和监督深度，难以适应当前建设工程发展的需要。日益扩大的建筑规模和落后的监督手段之间的矛盾已经越来越明显。

7.1.4 监督人员整体素质不高

长期以来，由于编制和管理方式等原因，在各级工程质量监督管理部门中，缺乏高质量、高水平的专业技术人员，相关人员素质的参差不齐，难以达到"既要对法律法规非常熟悉，又要对强制性技术标准非常熟悉"的要求。县级监督机构在这方面存在的问题尤为突出。甚至，有部分监督人员存在寻租行为。

7.2 原因分析

7.2.1 相关法律法规的不足

(1) 工程质量监督的范围不清楚。根据《房屋建筑和市政基础设施工程质量监督管理规定》（住房和城乡建设部令2010年第5号，以下简称"住建部5号文"）的规定：工程质量监督管理，是指主管部门依据有关法律法规和工程建设强制性标准，对工程实体质量和工程建设、勘察、设计、施工、监理单位（以下简称"工程质量责任主体"）和质量检测等单位的工程质量行为实施监督。工程质量监督管理应当包括下列内容：执行法律法规和工程建设强制性标准的情况；抽查涉及工程主体结构安全和主要使用功能的工程实体质量；抽查工程质量责任主体和质量检测等单位的工程质量行为；抽查主要建筑材料、建筑构配件的质量；对工程竣工验收进行监督；组织或者参与工程质量事故的调查处理；定期对本地区工程质量状况进行统计分析；依法对违法违规行为实施处罚。而根据建设部《实施工程建设强制性标准监督规定》（建设部令2000年第81号，以下简称"81号文"）的规定：工程质量监督机构应当对工程建设施工、监理、验收等阶段执行强制性标准的情况实施监督。结合这两份文件可以看出，尽管住建部5号文中，提出监督对象包括：工程建设、勘察、设计、施工、监理单位、质量检测单位。但从其对监督内容的规定以及81号文中监督机构的监督阶段的规定看，目前政府的质量监督机构的监督阶段主要还是施工阶段，监督对象主要是施工企业和监理单位。

(2)《建设工程质量管理条例》的欠缺之处：

一是工程质量管理机制的问题。我国《建设工程质量管理条例》第十六条明确规定,建设单位收到建设工程竣工报告后,应当组织设计、施工、工程监理等有关单位进行竣工验收,作为工程最终用户的购房人或者业主并不参与验收。建设方、施工方、监理方等五方责任主体在工程质量验收中扮演的是"生产与卖家"角色,且施工方、监理方等都受雇于开发商,实际是"五位一体"。自己的商品自己检验,属于自我监管、自检自评。而作为第三方的质量监督部门仅对施工阶段进行见证,不负执业责任,所起作用有限。在这机制缺乏一个代表第三方的机构来监督工程质量。

二是关于建设单位的违规行为的判断缺乏可操作性。《建设工程质量管理条例》第五十六条规定,对建设单位有下列行为之一的,责令改正,处20万元以上50万元以下的罚款。

①迫使承包方以低于成本的价格竞标的;

②任意压缩合理工期的;

③明示或者暗示设计单位或者施工单位违反工程建设强制性标准,降低工程质量的;

④施工图设计文件未经审查或者审查不合格,擅自施工的;

⑤建设项目必须实行工程监理而未实行工程监理的;

⑥未按照国家规定办理工程质量监督手续的;

⑦明示或者暗示施工单位使用不合格的建筑材料、建筑构配件和设备的;

⑧未按照国家规定将竣工验收报告、有关认可文件或者准许使用文件报送备案的。

这个规定的第一条、第二条几乎无法操作,业内关于低于成本价的认定,合理工期的认定没有统一的标准。第三条、第七条则很难取证。这几条正是影响工程质量的重要因素,目前建筑市场业主不规范行为难以约束，与质量条例缺乏可操作性不无关系。

三是关于勘察、设计、监理、施工等其他单位的违规行为，《建设工程质量管理条例》规定的较为具体，但《建设工程质量管理条例》的处罚以罚款为主，并且管理部门对罚款额度的自由裁量权太大，给寻租留下空间。

7.2.2 诚信体制未建立，违法成本低

社会经济发展到一定程度都会有与之相适应的信用体系。多数经济发达国家的信用体系已非常发达，而我国与市场经济配套的工程建设参与各方的诚信机制还未健全。目前，部分地区已经开始制定施行施工企业诚信评价体系，但大多只是针对施工企业，并未涉及其他建设活动主体。在建设领域诚信体制没有建立的情况下，工程建设质量建设责任主体有以牺牲工程质量而获得额外收益的利益驱动力和机会，这种利益驱动力使工程建设各方主体的一些质量行为不规范。

（1）业主的质量行为不规范分析。建设单位是工程的发起人和受益人，建设单位可以分为三类：第一类是自建自有自用的，如各类民营投资工程（其质量责任是终身的，对其约束力主要来自后续的使用功能保障压力）。第二类是建成后作为商品进行交易的，主要是各类开发商，其追求的是建造成本（开发成本）与商品房售价之间的差额，对其的约束力主要来自市场选择与竞争压力，近十年房地产市场处于卖方市场，开发商只要拿到好地块，就不愁房子卖不出去，无法形成有效的市场竞争压力，因此，在建造成本控制上就会有压级压价的倾向，在品质要求上"达标就行""合格就行"。第三类是政府投资工程，政府投资工程用的是社会资源，应当接受社会监督，目前社会监督机制仍然未确立，政府投资工程缺乏监督约束，并且受政绩思维影响，容易出现不遵守建设程序

等现象。因此,政府投资工程的建设单位和开发商应成为政府工程质量监管的重点。

(2) 施工企业的质量违规行为分析。建筑行业是一个专业性比较强的行业,施工企业最清楚工程的质量、成本、价格的关系。而大多数业主都是不了解的,即施工企业所掌握的质量信息要远远多于业主。因此市场上就存在信息不对称的问题,业主处于一个不利选择的市场。在信用体制没有健全、违约甚至违法成本很低的情况下,逐利的本能驱使部分施工企业利用这种信息不对称,通过以次充好、偷工减料来达到赢利的目的。在这种情况下,工程质量的高低不能反映市场承发包价格,工程质量在一定程度上具有外部性。业主会担心出了高的价钱也得不到一个质量好的工程。长此以往,业主对建筑市场失去信心,产生逆向选择的心理。他们不相信合理价格,而倾向于最低价中标,而不合理的低价中标逼得坚持质量标准的施工企业难以生存下去(不是退出、就是同流合污)。久而久之,建筑市场会出现大量低质量的施工企业和"劣币驱逐良币"现象。如今的工程承发包市场便是这样一个情况(在工程质量上表现为质量问题频发)。

(3) 勘察设计单位的违规行为分析。现阶段我国勘察设计行业普遍存在不遵循科学规律,设计价格远低于国家取费标准(国家取费标准为造价的3%~5%,发达国家一般为5%~8%),没有合理工期标准,超常规赶进度,勘察设计周期可能只有发达国家的十分之一。在这样的情况下,工程设计质量不高,表现为前面所述的质量违规行为。形成目前这个状况的原因主要是:一方面是因为业主的不规范行为,压价、压缩设计周期;另一方面是因为勘察设计单位迎合业主的要求。在这里,业主的不规范行为起主导作用,大多数业主认识不到勘察设计以及前面的可行性研究对于工程项目的重要性,因此他们敢压价压工期。对于勘察设计单位，敢于这样做的原因主要在于目前的法律法规对于设计质量的标准比较低。《工程质量管理条例》关于勘察设计质量只强调了违反强制性标准的情况，但设计质量的标准不应仅是违反强制性标准，设计深度不够、图面表达不规范等都会给后续施工带来麻烦。另外，我国的相关法律法规虽然有设计单位要赔偿损失的规定（《建筑法》《工程质量管理条例》等都有规定）。但实践中，对于勘察设计单位的质量责任追究并不严格，因为设计原因造成的工程事故往往导致巨大工程建设损失和人身伤害赔偿，常数倍于设计企业注册资本金或固定资产，在没有执业责任险的情况下，照实赔偿几乎不可能，因此勘察设计的质量风险大部分由业主承担。

（4）监理企业的质量违规行为分析。监理应为咨询或从事项目管理工作，但在我国监理已经异化为施工的质量监理。原因很复杂：一方面我国咨询行业起步晚，监理行业从业人员素质不高，难以全面承担投资（成本）控制、质量控制、工期（进度）控制，和合同管理等多项职能；另一方面市场上监理单位恶性杀价竞争。中标后，为保证利润，缩减成本，以次充好、服务不到位。不到位的服务又让业主愿意支付的价格更低，从业人员待遇更差，行业更没有吸引力，监理行业陷入恶性循环。虽然，近几年各地相继下发了保障监理收费的规定，但同时出现了监理的阴阳合同监理行业的乱象并没有明显改观。在人员素质不达标、配备不足、管理混乱的情况下，监理的质量监督责任是不可能落实的。

综上所述，各建设主体的质量违规行为虽然和法律法规不健全有一定的关系，但最大的问题还在于建设行业诚信机制缺失、有法不依、执法不严。

7.2.3 从业人员素质不高

我国建设行业从业人员的整体素质偏低，尤其是施工单位和监理单位从业人员。

目前，我国施工承包"层层转包"与"无证挂靠"现象猖獗，一线工人质量意识和操作技能长期得不到提高。没有高素质的企业、高素质的施工队伍，就没有高质量的工程。提高工程质量至关重要的是提高人的素质、提高企业职工队伍的素质。

企业的在职培训具有一定的外部性。而建筑业具有弹性生产力特征，行业从业人员（特别是一线操作工人）的流动性远高于其他行业，并且建筑业的技术具有通用性。由此，建筑业人员培训的外部性更强，建筑企业没有动力去培训员工；对于个人，尽管研究证明接受培训有利于自身收入水平的提高，但以农民工为代表的大量建筑业工人受限于自身的基础教育水平，很难认识到培训的重要性，他们主动要求培训的动力不足。因此，对于行业从业人员的培训，行业管理部门应当更多的承担责任，而不应当把培训推给企业。

7.3 对　　策

7.3.1 国外政府的工程质量监督模式

由于建设工程质量的重要性，无论是发达国家，还是发展中国家，都强调政府、社会、业主及相关的企业、事业单位对建设工程质量的监督和管理。大多数政府的建设主管部门把制定工程质量管理的法规和监督执行作为主要任务，并把大型项目和政府投资项目作为质量监督管理的重点。而对于政府主管部门是否直接参与微观层面的工程质量监督检查，各个国家的情况不尽相同。

（1）政府不直接参与微观层面工程质量监督模式。政府主管部门不直接参与工程项目的质量监督检查，而是主要运用法律、市场、经济手段，促使建筑企业提高工程质量。这种监督模式发展得较为成熟的是法国，在完整的法规的基础上，依靠独立的质量检查公司，并以强制性保险为手段来保证工程质量。

法国对建筑工程质量有一套完整的技术立法，为质量检查、质量鉴定提供了必要依据。法国的技术法规有"NF"（法国标准）和"DTU"（法国规范）。这两个技术法规对政府投资建设的公共工程是强制性的，对私人投资的民间工程（除涉及公众安全的工程）则是非强制性的。但向保险公司投保时，保险公司要求参与建设活动的所有单位对其投保工程必须遵守"NF"和"DTU"。因此，实际上，"NF"和"DTU"对私人投资工程也具有强制性。随着新结构、新材料、新技术的不断涌现，"NF"和"DTU"每隔一两年进行一次修订。法国的工程质量检查由独立的质量检查公司完成，站在第三方的客观、公正的地位对工程质量进行微观监督，配有完善的检测系统，质量检查公司在营业前必须获得政府的认可。为了保证质量检查公司必须保持其第三方的客观、公正的地位，质量检查公司不得在国内参与质检以外的任何商业活动。

质量检查公司的监督工作包括如下几方面内容：在工程的招投标阶段充分了解业主对工程的要求和目标，提醒业主对于工程质量应该注意的问题。在工程的设计阶段，质量检查公司从方案设计到施工图设计全面检查，将检查出的问题提交给业主和设计单位由他们研究解决。在工程的施工阶段，质量检查公司派人到现场对建筑材料、构配件的质量进行检查，同时根据业主和设计单位对工程要求及工程的特点，制订工程

第 7 章 工程质量监督和管理制度改革

质量检查计划，同时送交业主和承包商，以明确哪些部位是检查重点。这些部位只有经过检查才能进行下一道工序。由于采用了全方位的检查方式，并对重点部位做到了预检，这样最大限度地避免了采用事后检查将会造成的不必要的损失。法国的质量检查公司均配备完善的检测设备，以保证检测数据的准确性。在工程竣工后，质检人员对工程质量进行评价，并报告质量检查公司以及参与工程建设的有关各方。

与我国薄弱的施工企业自检制度不同，法国对工程质量的保证主要依靠施工企业内部的质量自检与质量保证，而包含了我国监理单位、政府质监机构和质检机构大部分职能的质量检查公司只进行外部检查，重点是检查施工企业的质量保证体系是否健全，这已经是法国工程界的一个共识。这个共识的形成有赖于法国的建筑工程保险制度，《建筑职责和保险》规定，涉及工程建设活动的所有单位，包括业主、设计、总承包商等单位，都必须向保险公司投保。保险公司负责一年后的维修费用，为了不承担或少承担维修费用，保险公司会在工程建设全过程中要求施工企业委托一家质量检查公司进行质量监督，从而给予一定保险费优惠。同时，为了提高企业形象，施工企业承接更多工程，争取保险费优惠，设法提高自身的工程质量管理。法国工程质量监督模式详见图 7-1。

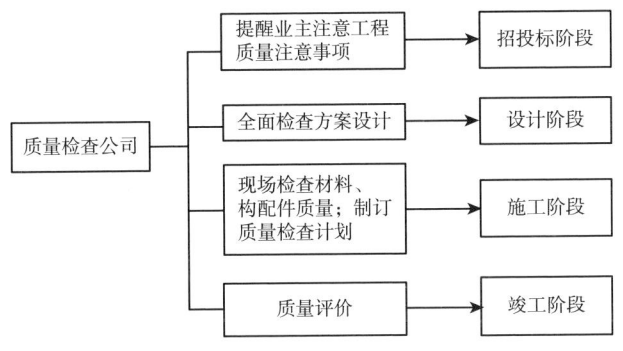

图 7-1 法国工程质量监督模式

（2）政府直接参与微观层面工程质量监督模式。美国工程建设项目大致有以下几类，按投资体制分：一是联邦政府投资的项目；二是联邦政府与州（或市）政府联合投资的项目；三是州（或市）政府投资的项目；四是股份制形式投资的项目；五是个体投资的项目。但政府对所有的工程项目都实行管理监督，要求所有建设单位都要办理发展许可证、建筑许可证。政府对工程项目实行管理监督的组织形式，第一种是联邦、州、市政府投资的大中型项目，多数由政府组织成立工程项目管理班子，直接由注册工程师检查。第二种就是投资方申请委托监理（或咨询顾问公司），经政府批准，由注册监理工程师负责。监管形式实行逐级书面报告、政府监管人员抽查。第三种是小型项目（如单户、双户住宅楼等），一般由开发商自己管理。

在美国，政府参加工程项目质量监督检查的人员分为两类：一类是政府的检查人员；另一类是政府临时聘请或者要求业主聘请的，属于政府认可的外部的专业人员。这类质量监督检查人员直接参与每道重要工序和每个分部工程、分项工程的检查验收。只有他们认定合格后，工程才可进行下一道工序。

在《统一建筑法规》中，美国政府就建筑主管官员对建设项目的监督检查职责做出相应的规定。该法规规定，需要领取执照的所有建设项目和工程，均需接受建筑主管官员的监督和检查。检查中若发现违规行为，建筑主管官员将采取罚款、勒令停工、签订改进协议等方式加以处理，罚款数额将随着罚款次数的增加而递增。承包商则会想方设法避免质量事故的发生，否则必将损害其自身的社会信誉和企业形象。

在美国，承包商、分包商、咨询设计商，如果没有购买相应的保险或者取得相应的保证担保，几乎无法在美国取得工程合同。在工程保险业务中，保险经纪人充当了重要角色。投保人在对风险评估和分析的基

第7章 工程质量监督和管理制度改革

础上,往往通过保险经纪人或代理人购买保险产品,保险公司通过的建设工程情况、投保人信用和业绩情况等因素进行综合分析以确定保费的费率。承保后,保险公司(或委托其代理人)参与工程项目风险的管理与控制,发挥专业技能,指出投保人指出潜在的风险以及提供改进措施,把工程风险降到最低。提供有效的风险控制咨询服务,也是保险公司的重要竞争手段之一。

新加坡也采取美国这种政府直接参与微观层面工程质量监督模式。新加坡建筑业发展局在每个大型工地均派有建筑师和结构工程师(称为"工程监督员"),负责对工程进行质量监督,促使施工人员严格按照规范进行操作。一个分项工程完成后,首先由工地施工人员检查工程质量是否达到要求,然后由工程监督员进行检查。只有质量评价为合格后,工程才可以进行下一道工序。详见图 7-2。

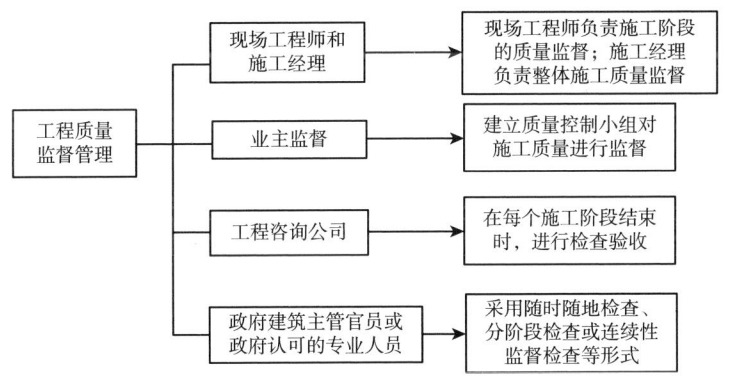

图 7-2 美国工程质量监督模式

(3)政府委托专业机构进行工程质量监督模式。德国政府对建筑产品的监督管理是以间接管理为主、直接管理为辅的。政府对建筑产品施工过程的间接管理主要体现在两方面:一方面,通过法规、规范、标准等对施工过程进行规范;另一方面,采取由政府主管部门委托授权,由国家认可的质监工程师组建的质量审查监督公司（以下简称"质监公司"）对工程项目的设计、结构施工中涉及公众人身安全、防火、环保等内容实施强制性监督审查。而政府的直接管理主要体现在颁发建筑产品的施工许可证和使用许可证。政府对工程施工质量进行监督管理是从建筑工程的施工开始到建筑产品的使用为止的。对其工程施工质量监督管理的主要内容有以下几个方面：制定法律法规；颁发建筑产品施工许可证；通过专业机构间接监督管理；颁发建筑产品使用许可证。在德国，政府对建筑工程监督管理的重要手段之一是通过制定法规来规范建筑产品的施工标准和施工过程，以保证建筑产品的质量。《建筑产品法》是对建筑产品施工标准和施工过程有关规定的法律，是检测机构、监督机构、发证机构进行监督管理的依据。《建筑产品法》规定了检测机构、监督机构、发证机构的组成、职能以及操作程序。政府对建筑工程监督管理的另一重要手段是颁发施工许可证。另外，政府通过专业机构对工程施工过程进行间接管理，通过认证一些检测机构、监督机构和发证机构，并且委托这些机构根据制定的法规和标准对建筑产品施工过程的质量进行监督管理。

德国的质量监督机构可以是自然人或法人，也可以是一个机构或一个专业团体。某些政府部门也可以作为监督机构。这些监督机构必须获得政府的认可，并取得政府颁发的监督资格证书。其监督活动主要包括对施工单位生产控制的首次检查以及监督、评判和评估。监督机构的任务包括对施工单位的建筑产品质量控制系统进行初步检查或对整个生产控制体系进行全过程的监督与评价。德国的质监公司是代表政府而不是代表业主工作的，保证了监督工作的权威性、公正性。政府只对质监工程师的资质和行为进行监督管理（不对具体工程项目进行监督检查）。这有利于加强政府对工作质量的宏观控制。工程质量审查监督费用由业主向建筑行政主管部门缴纳，再由政府转给其委托的质量监督公司，业主不直接交给质量监督公司，避免了质量监督公司与业主之间的雇佣关系。质量监督公司不按国家的行政区域范围接受工程质量审查监督任务，而是按其工作业绩、能力和社会信誉，由政府主管部门进行统一的分配。这就避免了在同一地区范围内出现独此一家质量审查监督的垄断行为。

德国的政府工程（办公楼、学校、医院、体育馆等）由政府的工程管理公司负责建设，同时也负责全过程的质量监督（但现在也开始委托私人质量检查公司来监督）；对政府投资项目的质量监督检查不是抽查，而是全程检查；私人工程由政府委托的质量监督公司监督。德国工程质量监督模式详见图7-3。

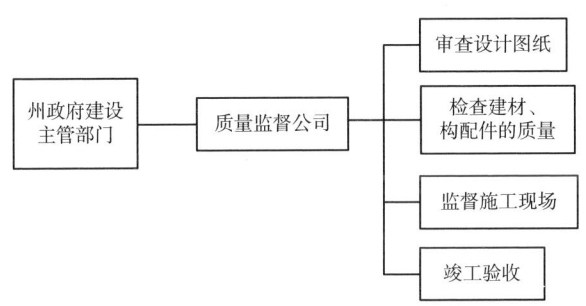

图7-3 德国工程质量监督模式

（4）国外政府监督模式的启示。通过比较几个发达国家的工程质量监督模式，得出以下几点启示。

一是对政府投资工程，工程质量的监督尤其严格。例如，美国、德国、新加坡等国的政府投资工程一般都是由政府部门直接监督的。

二是发达国家对于工程质量的监督都是全过程的，尤其强调对投资前期和设计阶段的质量控制和质量规划监督管理。

三是将业主作为行为监督管理的重点。各国政府监督的对象包括业主、工程咨询方、承包商等所有参与工程项目建设的市场主体，重点是监督各主体的质量保证体系和质量行为。因业主是项目的发起人、组织者、决策者，在建设项目全过程中起到主导作用，所以业主是重点监督对象。

四是工程质量监督模式并不是监督工作效果的关键。无论是直接管理（如美国）还是间接管理（如德国），对于工程质量监督都很有成效。其背后是成熟发达的工程保险和担保业形成了良好的信用约束机制，有效地约束了各方建设主体的质量行为，工程担保和保险制度的推行和良性运作，有力地促进了建设工程质量管理的良性运作。

五是各国政府都非常重视建筑法规的立法工作。完善的法律法规是建筑市场良好运行的保障。

7.3.2 对策与措施

（1）区分投资主体实行不同的监督模式。政府投资的建设项目应加强质量监督，直接接受政府的执法监督。对于政府投资的建设工程，政府应有自己的质量监督人员。质量监督人进入公务员编制行列并直接对这类建设工程进行执法监督。政府中监督部门的经费也应纳入财政预算中并由财政拨款支持其工作所需的经费。

对于由社会投资的建设工程的政府质量监督管理，可以将其市场化，由社会的非营利组织甚至营利组织来承担这部分公共事务，政府的任务就是以法律法规来规范这类专业组织和专业人士从事工程建设监督管理的行为，建立完善的资质评定和审核制度，鼓励社会工程监督业的从业组织和人员以高效的工作、高质量的管理效应谋求自身的发展。

（2）理顺质量监督体制。建立全国统一的工程质量监督体制，将水利、交通、铁路等专业工程质量政府监督管理职能并入建设主管部门，精简机构，节约资源，避免政出多门、多头管理，消除专业工程建设主管部门既是建设方又是工程质量政府监督方的畸形状态。督促专业工程建设主管部门做好建设方，履行建设方的质量责任和义务，全国统一建设主管部门做好工程质量的政府监督管理，两者可以相互制约、相互促进、相互监督，有利于提高我国工程质量监督的整体水平。

在建设领域，目前我国从事建设工程质量监督管理工作的机构主要有：设计图审查机构、监理单位、建设工程质量监督站、建筑工程质量检测中心等。这些机构对建设工程的某一环节进行质量实施控制，但其中任何一个机构都无法独立完成全过程的建设工程质量监督管理工作。工程质量的影响因素不是单一的。各部门缺乏有效配合，应当形成对工程建设全过程、全方位的联动式管理的监督。要打破这种僵局，首先应当从政府投资工程的监督开始，整合目前体制内的设计图审查机构（含抗震、节能审查）、建设工程质量监督站、工程质量检测中心，组建新的工程质量监督机构，直接隶属建设部门，由于新的工程质量监督机构只针对政府工程，监督对象大量减少，根据目前监督人员的配置，大致能够满足需要，甚至可以精简。

应指出的是，为适应"小政府""大社会"的改革方向，新的工程质量监督结构应配备少量人员，以监督工程参与各方质量行为为主，对于工程实体质量的控制，除一些重点工程、特殊工程外，一般政府投资工程应以巡查、抽查为主，但需要代表政府参加主要节点的验收。具体事务性的工作可以委托民营的工程质量事务所，所需费用从财政预算中支出，工程质量事务受质量监督机构委托，对质量监督机构负责，与建设单位不发生任何经济利益关系。

另外，需要赋予工程质量监督机构行政执法权，但必须对行政执法权有限制，应规定明确，缩小自由裁量权。除罚款外，执法手段还可以采取启动保函、降低信用等级等手段。政府投资工程质量监督模式详见图7-4。

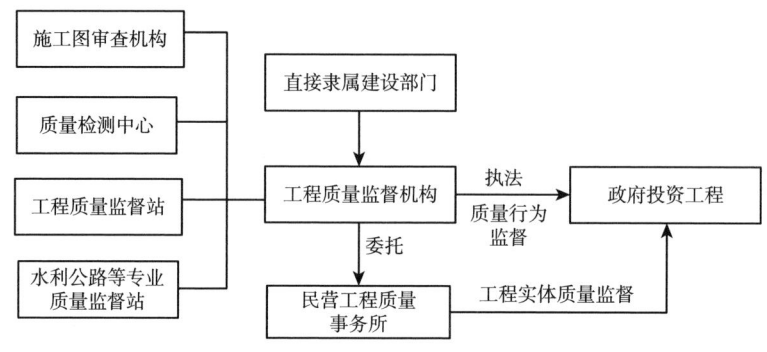

图7-4 政府投资工程质量监督模式

(3) 培育建设工程质量事务所。对于民营投资工程，建设工程质量监督管理的发展方向应是社会化、专业化和市场化。凸显质量监督机构的"公正第三方"的地位，可以借助工程担保和保险的推行、培育建设工程质量事务所；可以鼓励目前民营施工图审查公司、质量检测中心、监理企业整合为建设工程质量事务所，通过该机构提供建设工程从设计、施工到工程竣工验收、使用阶段全生命周期的质量管理、风险控制和监督整改等各种业务。建设工程质量事务所可以服务于工程保险公司或担保公司，从保险公司或工程担保公司收费，为工程保险公司或工程担保公司提供专业的质量评价和鉴定。

(4) 加强行业教育培训。工程质量的形成、科技成果的转化需要依靠大量技术人员和技术工人素质的提升。目前，建筑业被严重的技工荒困扰，这与行业长期忽视从业人员特别是技术工人的教育培训有关。发达国家建设主管部门都设有专门机构管理建筑业的教育和科研工作，其主要任务是从事教育和培训计划和方针的制定、专业资格审定、建筑业人力资源开发等。他们注重专业人士培训，对专业人士的技能坚持高标准、严要求。注重岗位培训,不断提高从业人员的素质。设有专门机构负责对建筑业人员培训和技术水平测试,培训课程包括了建筑业的各工种,实现了培训与就业相结合。建议由行业管理部门牵头,除继续推行目前管理人员的执业资格制度外,加强一线操作工人的技术培训。

(5) 完善相应的法律法规。健全的质量管理法规体系是质量监督有效的保证。目前,我国的相关法规还有不合理的地方。例如,关于工程质量的责任,对于建设单位的违规责任,虽然有法律规定,但是可操作性不强;关于咨询行业的收费,缺乏有效的法律保障;关于设计和施工的合理工期没有规范界定;关于一些质量违规行为的惩罚性措施,相关部门的自由裁量权过大;关于工程担保和工程保险,目前还有很多法律法规方面的空白;关于信用体系的建立和行业的教育培训也需要相关的法律法规支撑。

第 8 章
全面推行工程保险和工程担保

8.1 我国工程保险与工程担保现状

8.1.1 国内工程保险与工程担保现状

众所周知,建设工程项目普遍具有建设周期长、投资大、技术要求高、参建单位多等特点,而且建设施工中不可预见因素较多,这使建筑行业成了财产、人身和责任等风险影响的高风险行业,同时决定了风险管理的必要性、重要性以及进行有效风险管理的难度。目前,国内办理工程保险的工程项目不足 10%。那么,工程保险作为一个相对独立的险种,工程保险的起源、发展以及在国内的发展情况是怎样的呢?

我国的工程保险起源于 20 世纪 80 年代初,是伴随着改革开放和引进外资而出现的。我国工程保险投保的主力军是中外合资或外商投资的建设项目。在中外合资经营企业、中外合作经营企业、外商独资经营企业中,工程险投保面达到 99% 以上,而在我国有企业和集体企业中却不高(即使在经济发达的上海、广东地区也仅达到 30%)。

第8章 全面推行工程保险和工程担保

改革开放以来，我国的投资体制改革一直在不断推进。与20多年前相比，投融资活动的市场化、社会化程度已显著提高，我国投资活动已经初步形成了投资主体多元化、资金来源多渠道、投资方式多样化、建设实施市场化的新格局。因此，建设项目投资者的风险意识也相应增强。

尽管政府各部门不断完善工程保险，但是工程保险与工程担保制度并没有完全确立、工程保险市场并没有发展起来。

其主要表现在以下10个方面。

（1）工程保险投保率严重不足，建筑项目投保不均衡。目前市场上的工程保险的投保项目主要集中在高速公路、铁路、水电站、桥梁、隧道、沿海工程等高风险建设工程项目，而风险状况相对较低的楼宇开发类的建筑工程投保率却非常低。

以上海为例，2008年，上海建设工程保险保费收入达到6亿元，与2005年相比增长了50%，但是与应保资源相比保险深度依然较低。上海市2008年固定资产投资总额约4829.45亿元，以3‰工程保险的平均费率计算，同期拟收取保费应为14.5亿元，但实收保费仅为拟收取保费的41%。一些重大基础建设项目以及政府主导的投资项目，如轨道交通和世博会工程等，基本未能参保。但是部分商品房住宅和建筑项目却游离于保险保障之外，成为平安城市建设过程中的不稳定因素。据了解，全国保险业参与建筑工程项目保障的程度更低，仅为10%。

例如：某工程公司的一辆挖掘机在虹桥路772弄附近的马路上施工时，突然起火燃烧。据介绍，这辆挖掘机是事故发生前一年的一月刚刚买来的，价值30多万元，仅过了一年多便报销了。因为没有买保险，公司损失惨重。

（2）工程险保费充足率不足，赔付率较高。致使工程保险对各商业保险公司来讲形同"鸡肋"。保费规模较小，参保企业较少。房屋贷款保险由于提前还款、贷款人数量与日攀升,保费增长停滞,部分公司还出现了负增长现象。

(3)各保险公司在工程保险方面技术力量相对薄弱。一般来讲,工程保险所承保建设项目具有规模宏大、技术复杂、造价昂贵和风险期限较长等诸多特点,对保险公司在承保及理赔方面的技术要求均较高。而从国内实际情况来看,既懂工程又懂保险的专业技术人员严重不足,在一定程度上制约了工程保险的发展。

(4)工程保险产品供给不足。与国外相比,我国目前的工程保险产品比较单一,保障范围也不够广。在国外,除常规建筑工程一切险及安装工程一切险外,一些工程险系列产品还有专门的建设工程雇主责任险或意外险、针对工程项目的两年或十年责任险、设计师(建筑师、工程师等)均需购买的职业责任保险;针对建设项目还有信用保险与保证保险等,对建筑工程的保险需求与保险产品供给充足。

(5)国内大型工程项目保险费率市场竞争激烈,对我国工程保险的进一步发展造成深远的负面影响。

(6)目前该险种的赔付率大多在60%~70%,并且由于建筑工程保险涉及的项目大多具有建设周期长、投资大、技术要求高以及不可预见因素多的特点,建筑工程保险成了高风险险种。

(7)保费来源不明。目前的建设管理体制规定了大中型建设项目的不可预见费,而没有具体的保险费用交纳办法。建设部、财政部共同印发的建标〔2003〕206号文件规定,"建筑安装工程费由直接费、间接费、利润和税金组成",其"间接费"的"规费"项中包含了"危险作业意外伤害保险",它是按照《中华人民共和国建筑法》的规定由企业为从事危险行业的建筑安装施工人员支付的意外伤害保险。"间接费"的"企业管理费"项中有"财产保险费",其支出仅限于施工管理用财产、车辆保险等费用。建筑工程一切险、安装工程一切险以及机器损坏保险等，则被列入建设投资中的工程建设其他费用，并且是非强制性的。而在国际建筑工程中，这些保险费用被列入建筑安装工程费用的间接费。

（8）保险项目太少。现行文本只明确了对建设工程、施工场内的甲方人员、第三方生命财产、运至施工场地内用于工程的材料和待安装设备、从事危险作业的职工等办理保险，但对于雇主责任险、机动车辆保险等险种则只字不提。

（9）险种设置不合理，如可将建设工程本身、第三方生命财产、运至施工场地内用于工程的材料和待安装设备等的保险都纳入附加第三者责任险的"建筑工程一切险"承保范围内。

（10）条款制定不完善，只明确了某些险种的投保方法，并未说明相应的检查、补救措施等；并且未明确风险的分担、可保风险的范围等。

8.1.2 我国工程保险与国外的对比

国际上，工程保险经过70多年的发展已经形成了一套比较完善的体系。在英国、美国、日本、德国等保险业较为发达的国家，现代工程保险具有以下特征。

一是强制性。法律规定凡公共工程必须投保工程险，金融机构融资的项目也必须投保有关工程险。

二是广泛性。从工程设计到工程建成的所有阶段，参与工程建设的所有单位，包括业主、建筑师、总承包商、设计或施工等专业承包商、建筑产品制造商、质量检查公司等，均须向保险公司投保工程保险。

三是全面性。英国工程保险制度的显著特点是险种齐全，几乎涵盖了所有工程保险的险种，投保率超过90%。由于成功地推行了责任保险制度，这些发达国家和地区的工程建设质量不断提高，重大工程质量事故的发生概率明显下降。

四是普遍性。发达国家工程建设中参建各方都有很强的风险转移意识。这种意识在工程项目的融资阶段就能体现出来,贷款人通常都要求业主提供关于项目保险投保的细则来确保他们的利益得到保障,未提供这些保险的将不予融资支持。

我国对风险管理的研究起步较晚,改革开放后,一些国内学者逐步将风险管理和安全系统工程学理论引入我国。在对外开放的形势下,我国的一些工程企业开始涉足海外工程市场,而这些工程企业在海外工程的投标过程中作为履约的条件需要办理工程保险。在国内,一些建设项目由于业主单位的企业化和承包单位推行项目经理制,因此客观上需要对风险进行有效控制和管理,这为工程保险的发展提供了机会。1979年中国人民保险公司拟定了第一份建筑工程一切险的条款及保单后,通过对三峡工程、"西气东输"、国道主干线等一大批重点工程项目等进行投保,我国建设工程及保险业已积累了一定的工程险实际操作经验,但与世界发达国家相比仍存在着巨大的差距,我国与国外工程保险总体现状对比见表8-1。

表8-1　　　　我国与国外工程保险总体现状对比

类别	发达国家	中国
险种结构	涉及范围广、强制险种多	单一、强制险种少
投保率	>90%	<15%
监管机构	各国保监会、行业协会	中国保险监督委员会
保险市场主体	较多,以美国为例,目前有上千家保险公司、互助保险机构	主体较少,尤其是再保险公司,保险经纪人和保险公估人较少
保单形式	形式多样	形式单一
人力资源	在保险公司里均有大量掌握工程技术或专业知识的工程师或科学家	缺乏复合型人才
保险中介	代理人、经纪人、公估人、保险同业协会、精算师事务所、律师事务所	代理人

由表 8-1 可知，目前，我国建筑市场工程项目的投保率与发达国家建设工程的投保率（几乎接近 100%）相差极大，与此相对应的是较低的保费收入及保额：目前我国建筑安装工程险及责任险保费收入占整个财产保险保费收入的比例只有 1% 左右；保险金额占整个财产保险金额的2.18%，占全国同期社会固定资产投资额的 11.96%。

8.2 我国工程保险与工程担保存在问题的原因分析

造成国内工程保险发展缓慢、投保率低的原因有很多，其中包括业主和承包商保险意识淡薄、建设主体利益和风险不明确、保险经营垄断等，除此之外，有以下几个不可忽视的原因。

8.2.1 非强制保险

欧美大部分国家的工程保险条文中规定，凡涉及工程建设活动的所有单位，包括业主、建筑师、总承包商、设计或施工等专业承包商、建筑产品制造商、质量检查公司等，均须向保险公司进行投保。通过实行强制工程保险制度，建设主体有关各方在自身利益的驱动下，强化了自律意识，确保了工程质量，促进了工程建设的良性循环。

而《中华人民共和国保险法》中没有针对工程保险特点的具体规定，目前除在《中华人民共和国建筑法》第四十八条中强制要求承包商对从事高危险工作的员工（如塔吊操作人员）进行人身伤害保险以及投保第三者责任险以外，对其他风险均无明文规定，这导致建筑安装工程一切险、第三者责任险及其他风险都是自愿投保，在自由市场下，工程保险进入施工安全管理还很困难。

8.2.2 保险费率过高,且地区间无差别

与发达国家相比,我国的工程保险费率相对较高,但保险公司的盈利并未因此而增长。保险人运用资金不合理、投资利益不佳是导致这种现象的主要原因。我国建筑行业长期实行的是有差别的低利润率政策,引入了市场竞争机制,使利润率一再走低。2004 年我国建筑企业产值利润率为 2.2%,同比降低 4.35%。2006 年上半年全国建筑业产值利润率为 1.57%;2007 年上半年,建筑业产值利润率为 1.9%。由此可见,建筑业的产值利润率仍然很低,是名副其实的"微利行业"。而我国的保险界在向国际并轨的同时,有些做法脱离了我国的实际情况,如建筑工程一切险保险费率普遍过高(全国各地区大致相同)。这使有些地区的建筑工程保险不足、有些地区建筑工程保险利润过大的现象广泛存在。这不利于激励工程承包商和业主主动降低事故率,也无疑制约了企业投保的积极性。

8.2.3 险种少

险种少是我国工程保险的另一个缺陷,目前我国的工程保险险种主要限于建筑工程一切险、安装工程一切险和职工人身意外伤害保险,也有一些保险公司推出了第三者责任险和施工机械设备险,但这些险种的设计并不合理。现行文本只明确了对建设工程、施工场内的甲方人员、第三方生命财产、运至施工场地内用于工程的材料和待安装设备、从事危险作业的职工等办理保险,但对于雇主责任险、机动车辆保险等险种则只字不提。而在国外,险种相当丰富。

8.2.4 工程保险市场尚未形成,缺乏相应的工程保险中介机构

工程保险是一项专业性和技术性很强的工作,需要大量的数据和丰

富的经验，而工程保险的风险评估识别、保险合同洽谈、索赔等需要耗费投保人大量的人力、物力。这就在客观上要求有专门提供工程保险中介咨询服务的机构存在，包括保险代理人、保险经纪人（工程保险咨询公司）等。然而，据统计，我国从事工程保险的人员不到保险人总数的1%，远远达不到需求。

1993年3月，我国第一家保险中介机构设立。如今我国已有2300多家保险中介机构。与国外相比，我国的保险中介机构发展还处在初级阶段。我国保险市场上的主要销售份额，仍然来自大而全的保险公司，尤其是保险公司麾下的众多保险个人代理员。因为我们的保险业采取了营销员直销的模式，所以专业和兼业的保险代理机构所占份额很小（即使加上拥有众多优质客户的大银行，总共也不超过整体保费收入的四分之一）。由于银行卖保险多属兼职，那些专业的保险代理机构（代理、经纪、公估公司）所占的保费份额更小（或许还不到整体保费的十分之一）。虽然保险中介机构数量远多于保险公司，但规模都较小，且能拿到台面上来的企业品牌也并不多。

8.2.5 保险公司与工程建设企业之间的桥梁未有效建立

由于建筑工程涉及许多学科的技术、工程管理及工程造价的相关知识，因此承保工程保险的技术要比承保普通财产保险复杂得多。无论是投保人，还是保险公司，都难以独立掌握所有必需的知识与经验，致使其难以提供工程投保各方希望得到的结合项目特点的、风险管理方面的技术支持服务、现场监督和指导服务等。

因此，借助于外部保险中介的智力资源是不可或缺的。保险中介可以利用对风险识别、评估技术的掌握程度来为投保人选择保险公司和索取理赔等服务，也可以站在第三方的角度提供客观的报告。保险中介与保险公司和被保险人之间的沟通可以缓解保险人和被保险人之间"信息不对称"的问题,也可以消除两者之间的分歧和疑虑,从而提高交易效率、减少交易成本。

然而,到目前为止,我国还没有专门从事工程保险的中介机构,导致无法搭建起两个主体有效沟通的桥梁。只是由保险公司直接与承包商和业主接触,而保险公司收取保费后不提供后续服务,降低了投保者的积极性。这使整个工程的保险工作难以实现社会化、规范化和科学化。

8.2.6　工程保险和工程担保机构实力不强

建立工程保险和担保制度应依据银行、保险公司及专业性工程担保机构的数量。我国第一家专业性的担保公司是1998年7月注册登记的中国长安保证担保有限公司。在我国,这种专业性的担保主体凤毛麟角,并且往往实力较弱、难以满足建筑市场的巨大需要。担保主体数量不足使投保人的选择面太窄。这体现了供给不足,抑制了需求。此外,开设工程保险和保证担保业务需要大量的复合型人才。这些人才既要具备建设工程的专业知识,也必须懂得法律、金融、管理等方面的知识。这是工程保险和保证担保制度的特点所决定的。如果从业人员素质不高,对客户提出的专业性问题无法解答,在承保后,缺乏或根本没有能力进行风险管理和提供专业监督的服务,往往使公众对工程保险和保证担保产生不信任的情绪,这对工程保险和保证担保的推广很不利。

8.2.7　市场主体的风险管理意识淡薄

虽然我国建筑业市场化有了一定的发展,但很多业主和承包商还不能成为合格的市场主体。这在不同程度上导致了利益机制不能正常发挥作用,从而使业主和承包商缺乏风险管理意识。

8.2.8 规范工程保险与工程担保市场的相关法律法规缺位

《中华人民共和国保险法》没有针对工程保险的具体规定。《中华人民共和国建筑法》第四十八条只有意外伤害保险的规定（"建筑施工企业必须为从事危险作业的职工办理意外伤害保险"），没有对其他工程保险险种的规定。另外，现行的法规对保费究竟由谁来支付没有明确的说法，没有明确是否进入工程成本。虽然《建设工程施工合同（示范文本）》中有关于保费划分的条文，但"示范文本"属于推荐性条款，不具有法律强制性。该法律条款中只明确了某些险种的投保方法，并未说明相应的检查、补救措施、明确风险的分担、可保风险的范围等内容。

工程担保方面同样缺少法规的约束。例如，我国的工程担保为约定担保，唯一的法定担保——工程留置权也因相关法律的不一致而难以执行；而在发达国家，工程担保多为强制性的，提供担保是承揽工程的前提条件。由于我国工程建设各方主体自身的行为并不规范，因此在实际中彼此约定工程担保并不多见，而在买方市场中处于不平等地位的承包商更难提出工程担保约定。

8.2.9 政府监管、示范不力

在发达国家，政府工程大多实行了工程保险和担保。而在我国，一些政府对工程建设资金到位率监管不力。一些地方政府领导为了追求政绩，在资金不到位的情况下大兴土木等，由此产生了不良影响。

8.2.10 业主工程款支付担保实际效果不理想

业主支付担保是我国建设市场的一种独特创造，其初衷是遏制工程款拖欠现象。但在对推行工程担保制度的两个试点（深圳、厦门）进行调查，发现其对解决工程款拖欠现象的效果并不理想，无论是业主还是承包商都不认为业主支付担保对解决工程款有多少实际意义。

第一，强制性业主支付担保制度因普遍存在的规避行为而被严重削弱（主要体现在私人工程项目中，主要的规避方式是"私下撤保""廉价保函"）。

第二，承包商普遍缺乏对保函索赔的意愿，保函威慑并约束业主方行为的效果有限。原因有如下几个：一是担保金额不充足，私人项目中承包商垫资额往往会超出业主支付的担保额；二是索赔效果无保障，承包商在合同缔约前处弱势地位，不能对出具保函的担保公司进行选择，因此无从拒绝不具任何实际赔付意义的"廉价保函"；三是承包商担心其一旦启动保函索赔会在业内产生不好的口碑，不利于以后其他项目的竞标。

8.2.11 保函有效期不明确

保函有效期是实际操作上反映最多的问题。由于施工过程中不可预知因素较多，根据工程建设的实际情况，保函不设定具体截止时间，可以防止工程实际上还未竣工而担保已经失效的问题。因此，杭州市、青岛市均规定承包商履约担保的有效期的截止日期应当为承包工程竣工验收合格之时，业主支付担保的有效期的截止日期应当为合同约定完成了除工程质量保修金以外的全部工程结算款项支付之时。而银行、专业担保公司对此存在争议，其所提供的保函一般要求注明具体截止时间。对于一些工期长期拖延或工程款结算用时较长的部分工程，由于不设定具体截止时间，不仅增加了银行、专业担保公司风险，同时在工程完工后仍占用大量担保额度。

8.3　我国工程保险与工程担保对策建议

对于工程保险与工程担保中所出现的诸多问题，我们应当采取对应的措施进行整治和解决。

8.3.1　工程保险若干措施

（1）设计合理的保险品种。由于我国的工程险种过少，因此对某些风险无法进行风险转移，所以必须先增加工程险种种类，可参考西方发达国家设立雇主责任险、十年责任险和两年责任险、职业责任险（决策责任险，勘察、设计责任险，工程监理责任险等）、机动车辆险、国际货物运输险、境内货物运输险、政治风险保险、汇率风险保险等一系列的保险品种，增加工程中风险分摊或转移的渠道。

（2）强制险规定。对于保险的强制性和非强制性问题，应当尽快制定相关的法律法规，把大多数工程中普遍存在的风险保险定位为强制性保险，对少部分保险定位为非强制性保险，可以参考西方工程保险中的一些惯例，将建筑工程一切险、安装工程一切险、雇主责任险和人身意外险、十年责任险和两年责任险、职业责任险、机动车辆险定为强制性保险。对于国际货物运输险、境内货物运输险、政治风险保险、汇率风险保险等可以设为非强制性保险，由业主或承包商根据自己的需要投保。

在此基础上，还必须加强业主和建设单位领导的风险意识，加强风险识别能力，可使其在指定投保内容时能够正确合理地选择所需要的非强制性保险，也使工程中可能发生的风险进行合理转移。

（3）适当调低保险费率。在工程保险采取强制险后，投保工程数的激增会使保险公司所获得的投保总金额也随之增加，因此在增加强制险后，各种险种的保险费率应当适度降低，改变现行费率较高而赔付太少引起的业主或承包商不愿投保的现象。另外，保险费率，应该按不同地区确定不同的费率、按风险发生的因素设立风险因子。根据对各地区不同的风险指标来指定各地区的保险费率，从而使保险费率更为合理。

（4）鼓励多方投保和再保险。对于某些大型工程，由于建设同期规模巨大，为避免发生重大事故导致以保险公司资金能力弱无法承担赔付费用的问题，可以采用多方投保的模式，将不同险种在不同保险公司投保。这样既可以减轻保险公司的压力，也可以使投保人能够真正转移风险。与此同时，保险公司可以进行再保险（即将该保险业务在其他保险公司进行再次投保，与其他保险公司共同承担部分风险）。例如，某大型工程在甲保险公司投保，甲保险公司承担了2000万元的可能发生保险赔付费用，甲保险公司可以通过向乙保险公司再次投保，让乙保险公司承担其中30%的赔付费用。再投保便是以这种传递形式使风险进行了分摊。

（5）大力发展专业工程保险公司。目前建筑市场上的专业工程保险公司数量较少且实力较弱，应当大力发展工程保险公司，尽量将工程保险公司从普通的保险公司中分离出来，形成专业的工程保险公司，走专业化路线，大力培养工程保险公司所需要的既懂工程技术与管理又懂风险识别和保险业务的复合型人才，壮大保险公司打造专属的工程保险公司品牌，等工程保险事业有了一定发展之后，建立工程保险公司准入机制以及诚信机制。将公司资金实力弱的保险公司进行合并整改，对于保险赔付信誉不佳的公司直接剔除工程保险行业。因此也需要特别设立对保险公司进行监管的政府机构来进行管理，同时接受业主或承包商对赔付信誉不良的保险公司的投诉，并进行调查。若确是保险公司责任，强制要求保险公司进行赔付，并对该保险公司做一次不良记录。每年对各保险公司进行信誉评价和能力评价，将信誉评价作为首要评价指标。对保险赔付有不良记录的应及时进行整改，直至清退出工程保险市场。

（6）加大保险专业人才培训。为减少工程保险公司与投标人之间发生的赔付争端，以及减少工程风险的发生概率，确保工程顺利完成，工程保险公司应当大量培养具有风险意识以及安全管理意识的人才，对每项投保工程进行人员派驻，派驻人员在工程地点实际了解工程进展情况，并对由于工程项目部管理不当而可能引起该投保风险发生的行为进行强有力的纠正，该纠正必须为书面形式，并且由施工方项目经理签字盖章回复。如果施工方对整改意见不执行而引发风险发生导致赔付，保险公司可据此拒绝赔付。

8.3.2 工程担保若干措施

（1）设立工程担保机构准入门槛。目前，担保机构良莠不齐，恶性竞争情况突出，应该设立工程担保市场准入条件，对担保市场上的担保公司进行整顿，将根本无担保实力却承担工程担保任务的公司一律清出工程担保市场。然后对符合要求的公司进行规范化的管理，建立工程担保公司考评体系指标，建立担保公司的信用档案。并对担保公司的信用、资金实力进行评级，定期向社会公布近期的担保公司评级状况。建立从业人员的资格认证制度。主管部门或行业联盟，对担保行业的从业人员进行定期培训和从业资格认证，针对从业人员的素质要求制定相应的标准。

工程专业担保公司具有相应的专业技能，可以有效地介入工程建设活动中来。例如，在招投标阶段对投标人资格进行审查，在施工阶段对工程建设活动进行监督，可以有力地促进工程建设顺利实施。

就工程担保而言，由关联方提供保函只有形式意义而无违约防控功能和履约保障动力，还导致不公平竞争，对于任何一个工程项目要严禁关联担保（投保人、保证人和受益人之间不应存在关联关系）；此外，还应要求工程保证人建立关联交易管理制度，并就尚待明确规定的事项向工程业务或担保行业的监管机关备案。

（2）加强担保公司和承包商的紧密合作。目前，我国承包商和担保公司的合作都是松散型合作。这不利于工程担保的发展。我们可以借鉴美国的 GIA 协议（General Indemnity Agreement，简称"GIA 协议"）模式，发展担保公司和承包商的合作。

GIA 协议是美国的担保公司与承包商之间关系的基础，可翻译为"一揽子赔偿协议"。由于有了 GIA 协议，担保公司与承包商之间的关系就不仅是为某一具体项目承保的关系，而且是一种紧密捆绑的关系。这种关系给担保公司、承包商以及整个社会都带来了多方面的好处。

典型的 GIA 协议是这样产生的。承包商在开始考虑希望承接有担保要求的项目（如政府投资项目）时，就必须开始寻找自己的担保公司。在担保代理人的撮合下，担保公司就开始了对承包商的全面考察。若担保公司认为承包商的条件可被接受，就会安排与承包商签订担保协议（即 GIA 协议）。在担保协议中担保公司一般会授予该承包商一定的担保额度，并约定保费收取标准；而 GIA 协议则规定：一旦因该承包商违约而发生赔付，担保公司可以根据 GIA 协议追回代为履约所发生的损失。一家承包商通常只会同一家担保公司签订这样的协议，而承包商与担保公司的这种紧密关系只有在特殊的情况下才会变化。承包商一旦与担保公司达成了 GIA 协议，就成为"有担保的承包商"。

虽然担保公司与承包商之间的关系超出了对某一具体项目的担保，但担保公司的保费收入却是来源于一个个具体的项目，而利润则来源于承包商的成功履约。这就使担保公司对于自己所担保的承包商的成功发展异常关切。

担保公司为社会提供的最有价值的工作就是它的承保评判（即在考虑接受承包商为自己的承保对象以及确定其担保额度时，对承包商所进行的资格预审）。这种资格预审不仅帮助市场将不合格的承包商排除于竞争之外，同时使承包商获益匪浅。

（3）增加业主和承包商缴纳担保额度。在工程建设中，经常发生业主拖欠工程款，而由于业主提交的担保费用少，承包商在获得保费后损失仍然很大，而且种种原因导致承包方取得这部分资金很困难，往往放弃取得担保金。所以建议在项目形成初期业主与承包商所提交的担保金额中，增加业主和承包商缴纳的担保金的额度（特别是增加业主所需提交的担保金额度）。

第 9 章
大力推进建筑市场信用体系建设

9.1　信用体系建设概述

"信用"一词，在金融领域，应用最为广泛，影响也最为深刻。在金融领域，"信用"泛指借贷行为。这种金融行为的特点是以收回为条件的付出，或以归还为义务的取得。贷者之所以贷出，是因为不仅能够取回本金，而且还有权获取利息；借者之所以可以借入，是因为不仅要按期归还本金，而且还要承担支付利息的义务。从本质上讲，金融领域的"信用"就是对借贷风险的综合评价。尽管"信用"在金融领域应用最广，但"信用"并不为金融领域所独有。在日常生活中，人们对"信用"的解释大致有四种：第一，能够履行跟人约定的事情而取得信任；第二，不需要提供物资担保，可以按时偿付的；第三，指银行借贷或商业上的赊销、赊购；第四，信任并任用。其中，第一种解释应该是人们对"信用"一词的普遍理解。说起"信用"，人们往往会联想到"诚信"。也就是说，"诚信"就是诚实、守信。"能够履行跟人约定的事情"是"信用"与"诚信"的共同点，对利益相关者所关心的相关历史信息能够

"如实相告"是"诚信"是对"信用"的拓展。在社会实践中,"信用"和"诚信"的区分并不明确,因此在讨论"建筑市场信用体系建设"时不再对"信用"和"诚信"的内涵与外延进行严格区分。

信用制度是有关信用和信用事业的各种规定和准则的总称,包括信用行为主体划分、信用行为界定、信用行为信息采集、信用评价、信用信息的管理与使用、征信机构设置、信用法规和信用制度的建设等内容。信用评价体系建设是信用制度建设的核心内容和重要手段。

"信"或"信用",作为先哲所倡导的一种行为准则或道德规范在我国已有两千多年的历史。《论语》所说的"民无信不立",说明了"信"的作用,"始吾于人也,听其言而信其行,今吾始于人也,听其言而观其行"则是对人或"行为主体"言行关系的辩证认识。将信用或信用评价上升到制度建设层面,通过信用制度建设或信用评价体系建设规范人们的行为则是近现代的事情了。

在强调科学发展与构建和谐社会的今天,建设社会信用体系是完善我国社会主义市场经济体制的客观需要,是整顿和规范市场经济秩序的治本之策,可以打击失信行为、防范和化解金融风险、促进金融稳定和发展、维护正常的社会经济秩序、保护群众权益,是推进政府更好地履行经济调节、市场监管、社会管理和公共服务的职能的重要手段。社会信用体系建设涉及经济社会生活的各个方面,商品的生产、交换、分配和消费是社会信用关系发展的基础,而行业信用建设是社会信用体系建设的重要组成部分,对于促进企业和个人自律、形成有效的市场约束,具有重要作用。

目前,国内许多行业都在研究、探索和推进行业信用体系建设工作,并不断加大行业信用体系建设的推进力度,国家有关部门也在推进不同行业信用平台联网和信息共享,不断促进社会信用体系的发展和完善。

建筑市场信用评价体系建设是我国社会信用体系建设的重要组成部分，与其他行业信用评价体系建设相比，既有相同之处，也有不同之处。

9.2 建筑市场信用体系建设与传统领域信用体系建设的比较

信用体系建设的核心内容就是信用评价和信用管理。信用评价实际上就是采集行为主体或评价对象的状态信息、发展信息、历史信息等，按照一定的量化标准进行综合评价，并对行为主体的信用情况做出基本判断。透过信用评价的结果，其他行为主体可以对评价对象的履约能力、履约意愿、预期的履约效果以及履约失败后的赔付能力有个基本判断，用于防范和化解签约风险和履约风险。这就是信用体系建设的价值所在。如何保证信用评价的质量、评价结果和使用等都是信用管理的范畴。信用管理与信用评价机构相关，与被评价的行为主体相关，与评价涉及的行业相关，甚至与和谐社会的构建相关。对被评价的对象而言，他需要有足够的耐心和责任心来维护或不断提高自己的信用等级。因此，真实、科学、合理、准确的信用评价结果对促进行业乃至构建"诚实守信"和谐社会，具有重要的推动作用。

9.2.1 信用体系建设机理相同

信用体系建设机理就是通过采集评价对象的有关信息，按照一定的标准进行量化打分，对评价对象的信用等级或信用情况进行评定，并由此来衡量评价对象的履约能力、履约意愿、预期的履约效果以及履约失败后的赔付能力。这是建筑市场信用体系建设与传统领域及其他领域信用体系建设的共同点。

9.2.2 信用行为主体构成不同

建筑市场信用行为主体主要包括以下几类：勘察单位，设计单位，施工图审查单位，招标代理单位，施工单位，工程监理单位，造价咨询单位，建筑设备、材料和制品生产单位，工程检测单位，工程担保机构，工程建设单位及各类单位的管理者、注册执业人士和关键岗位的从业人员等。

金融领域等传统领域信用行为的主体就没有这样明显的分类，发生借贷关系的行为主体或暂未发生借贷关系，任何行业和职业都有可能成为被评价的对象。

虽然金融领域信用行为主体的构成复杂，但是其信用行为的表现形式却比较简单。而建筑市场信用行为主体的构成看似简单，其信用行为的表现形式却较为复杂。

9.2.3 行为主体之间的关联度不同

建筑市场不同行为主体之间还具有较强的关联性，尤其是大型工程的建设、勘察、设计、施工、监理等单位及其管理者、注册执业人士和关键岗位的从业人员都会成为被评价的对象。其行为结果与行为主体之间的对应关系比较复杂。一个单位的行为结果可能会对其他单位的信用评价造成影响，也可能对单位管理者或关键岗位从业人员的信用评价造成直接影响。同样，一个单位的管理者或其关键岗位从业人员的行为结果也有可能对本单位的信用评价产生直接影响。

金融领域则不然。除非有共同的借贷关系或担保关系，否则不同信用主体之间的信用评价结果一般不会产生直接的连带关系或关联关系，其行为结果与行为主体之间的对应关系比较简单。

9.2.4 履约能力评价指标不同

对信用行为主体履约能力评价是各类信用评价体系的共同点，差别是履约能力指标的构成和评价标准。履约能力之所以被各类信用评价体系纳入评价范畴，是因为人们不仅希望对行为主体的历史信用有所了解，也希望对行为主体的现状或履约能力有个基本判断，以便降低签约风险或履约风险。例如，签约时可以要求行为人提供较高的履约担保。

我国建筑市场中不同信用行为主体之间既有共同的行为规范，也有适用于不同行为主体的行为规范，而金融领域中不同信用行为主体之间的信用行为均与借贷相关，因此他们的行为规范大体是一样的。行为规范的不同在一定程度上也决定了履约能力评价指标的不同。

如果不考虑担保，仅就履约能力评价而言，金融领域的履约能力评价大体上可以概括为四个方面的评价：资产情况、盈利情况、负债情况和发展前景。而这些行为主体（建设领域的勘察单位，设计单位，施工图审查单位，招标代理单位，施工单位，工程监理单位，造价咨询单位，建筑设备、材料和制品生产单位，工程检测单位，工程担保机构，工程建设单位及各类单位的管理者、注册执业人士和关键岗位的从业人员等）在不同阶段或不同方面参与工程建设的相关活动。工程建设活动涉及工程建设质量、安全、成本、进度、环保、节能、价款支付等多个方面，其评价内容、评价指标具有多样性和复杂性。

9.3 我国建筑市场信用体系建设概况

我国建筑市场信用体系建设，从立项研究、制度建设和试点工作开始,是在制度建设方面、试点工作方面,都取得了重要的阶段性成果;但还需要不断改进和完善,还需大力推进系统性研究和建设工作。

9.3.1 制度建设情况

在制度建设方面,住房和城乡建设部(原建设部)先后发布了系列重要文件,对建筑市场信用体系建设的意义、行为主体划分、不良行为认定、不良行为信息管理等提进行了说明,并提出了具体要求。主要体现在以下几个方面。

2002年6月,原建设部(现已改为"住房和城乡建设部",下同)发布了《关于加快建立建筑市场有关企业和专业技术人员信用档案的通知》(建市〔2002〕155号),对建筑市场所涉及的工程勘察、设计、施工、监理、招标代理、造价咨询等企业和专业技术人员信用档案的建立提出了初步要求。

2005年8月,原建设部发布了《关于加快推进建筑市场信用建设工作的意见》,对建筑市场信用体系建设的指导思想、总体目标和基本原则,对征信、评价以及行业组织在建筑市场信用体系建设中的作用等进行了规划。

2007年1月,原建设部发布了《关于印发〈建筑市场诚信信息管理办法〉的通知》(建市〔2007〕9号),对建设项目的建设单位和参与工程建设活动的勘察、设计、施工、监理、招标代理、造价咨询、检测试验、施工图审查等企业或单位以及相关从业人员的诚信行为信息管理提出了要求,并对全国建筑市场建设各方主体包括建设单位、勘查单位、设计单位、施工单位、监理单位、招标代理单位、造价咨询单位、检测机构、施工图审查机构等法人单位的不良行为认定标准进行了初步界定。

2007年5月，原建设部发布了《关于转发上海、江苏、浙江、建设行政主管部门〈关于共同推进长江三角洲区域建筑市场信用信息平台建设工作的通知〉的通知》（建办市函〔2007〕283号），介绍了长三角区域三省一市信用平台建设的必要性、总体目标、工作要求以及共同遵循的原则、系统建设的预期目标、核心框架、工作重点等方面内容，为全国统一的建筑市场信用平台建设提供了经验。

2007年6月，原建设部发布了《关于征求〈注册建造师信用档案管理办法〉（征求意见稿）意见的通知》（建市监函〔2007〕37号），就工程建设领域执业资格人士方面的信用档案管理方面的规定向全国征求意见和建议。

2007年11月，原建设部发布了《关于启用全国建筑市场诚信信息平台的通知》（建市函〔2007〕337号），就全国建筑市场诚信信息平台的运行、不良行为记录信息的发布、工作职责的划分与落实等进行了规定。

2009年6月，住房和城乡建设部发布了《关于进一步做好建筑市场不良行为信息上报工作的通知》（建办市函〔2009〕560号），对全国建筑市场诚信信息平台的运行（主要是对全国建筑市场不良行为记录信息的记录、报送发布等）进行了进一步明确和规定。

为了加快社会信用体系的建设工作，2007年3月23日国务院办公厅发布了《关于社会信用体系建设的若干意见》（国办发〔2007〕17号），对加快社会信用体系建设的重要性、紧迫性以及社会信用体系建设的目标、指导思想、基本原则和诚信信息平台的建设等方面提出了指导性意见。

9.3.2 取得的阶段性成果

建筑市场信用体系建设主要取得了以下四个方面的阶段性成果。

一是发布了一系列关于建筑市场信用体系建设的制度文件，构成了建筑市场信用体系制度建设的基础。

二是以文件精神为指导，在区域建筑市场信用体系建设中进行了制度试点，取得了建筑市场信用体系建设的区域性实施成果和实践经验。

三是在总结制度建设和试点经验的基础上，启动了全国建筑市场诚信信息平台，进行了全国建筑市场有关企业不良行为信息的共享和发布。这一信息平台的启用对促进信息公开（尤其是不良信息公开），实现信息对称，推动建筑市场信用体系建设具有重要意义。

四是住房和城乡建设部根据国务院的统一部署，结合建筑市场信用体系建设的现状及试点情况，就建筑市场信用体系建设的相关问题组成了部级课题研究组，就建筑市场信用体系建设的内容、方法和策略等进行系统、全面的研究，以此为基础完成了建筑市场主体信用评价标准编制，取得了重要的阶段性成果。

9.3.3 存在的主要问题

尽管我国建筑市场信用体系建设取得了重要的阶段性成果。但与建筑市场发展的实际需要还有一定的距离，主要存在以下几个方面的问题。

一是系统性的建筑市场信用制度体系尚未建成。信用体系建设包括征信管理、信用评价和信用管理等重要内容。尽管我国建筑市场信用制度研究和建设工作取得了长足进步，但还没有一套比较完善的制度体系对征信管理、信用评价和信用管理等进行规范，并缺少系统性的实施细则。

二是信用体系建设基础研究环节还比较薄弱。建筑市场信用体系建设既包括制度建设的结构性问题，也包括制度建设的系统性问题。例如：征信标准、征信管理、评价标准及信用管理等，阶段性的建设目标和系统性的建设目标，体系建设的推进措施和迭代式的改进措施等。这些研究既关系制度建设，也关系操作实施。

随着建筑市场信用体系建设工作的不断推进，信用体系与资质管理制度之间的关系问题，信用体系与安全管理、质量管理、招投标管理、执业资格管理等业务管理系统之间的关系，以及如何整合地方资源形成全国统一建筑市场信用平台都需要进行深入、系统的研究。

三是信用体系建设的内容尚不全面。尽管全国建筑市场诚信信息平台已经投入应用，但这些信息也只是反映了部分行为主体在履约过程中产生的不良记录，还没有信用行为主体履约能力的评价信息。尽管现阶段的资质管理也具有一定的履约能力评价功能，但它的评价范畴、评价内容和评价指标与信用评价还是有本质区别的。

四是全国统一的信用平台建设进展较慢。由于缺少系统的制度支持，缺少相关标准和实施办法，全国统一的信用平台建设比较缓慢，尚未形成诚信约束和激励机制。

9.4 我国建筑市场信用体系建设展望

建筑市场信用体系建设是全社会信用体系建设工作的重要组成部分，目的是促进全国建筑市场不同行为主体的诚信和自律，尤其是实现企业自律和个人自律，通过信息积累、信息公开和信息共享，充分发挥社会和市场的选择和淘汰作用。在降低监管成本的情况下，提高全国建筑市场的监管效率和监管质量，加强全国建筑市场诚信建设促进全国建筑市场的健康发展。为了推动我国建筑市场信用体系的系统化建设，需要搞好以下几项工作。

9.4.1 进一步深化基础研究工作,为体系建设提供技术支持

建筑市场信用体系建设是一项复杂的系统工程,建设内容包括:标准体系(如征信标准、评价标准以及不同业务系统之间的数据交换标准)、制度体系(如征信管理、信用评价、信用管理等)、执行体系(如谁为信用体系提供基本信息、如何提供,谁来进行评价,谁可以及如何使用信用信息)等。这些都是建筑市场信用体系建设中需要先行研究的基础工作。

在这些基础工作中,征信标准和信用评价标准应当先行研究。征信标准需要研究并解决征信的对象、信息类型、征信周期或更新频率等内容。评价标准需要研究并解决信用评价的方法、标准问题,同样也包括评价对象、评价指标、判断标准等。在体系建设前期,评价的范畴可以小于征信的范畴。这两项标准的建设需要以履约能力、履约意愿、预期的履约效果和履约失败后的赔付能力判断为核心。有了这些标准之后,制度体系建设和执行体系建设才能有坚实的基础。

9.4.2 建设与研究并举,搞好基础数据库建设工作

一般来说,信用评价首先需要解决征信及征信管理问题。对于建筑市场信用体系建设而言,如果对现有资源稍加规范、补充和完善,即可基本满足征信的需求,并不需要马上建立专门的征信机构。

这里所说的现有资源就是住房和城乡建设部正在建设的几个基本数据库,即建筑市场各类行为主体信息库、工程建设项目信息库、执业人员信息库、不良行为数据库。从履约能力、履约意愿、预期的履约效果和履约失败后的赔付能力判断需要来看,这些都是建筑市场信用体系建设不可或缺的基础信息。这样的基础数据库建设工作与基础研究工作是

相辅相成的。

目前，我国建筑市场监管的信息化水平有待提高，不同业务系统之间的信息资源整合能力还比较低。这些都是制约建筑市场信用体系建设的重要因素。

9.4.3　全面总结深入分析，逐步构建科学合理的制度体系

以基础数据库建设为抓手，以基础研究工作为支撑，对建筑市场信用体系建设及试点工作进行全面总结和深入分析，深入研究建筑市场信用体系的基本架构，从顶层设计入手制定分阶段发展目标和实施策略，逐步构建科学合理的制度体系、评价体系和运行体系。

9.4.4　充分发挥不同方面的积极作用，大力推进建筑市场信用体系的建设工作

建筑市场信用体系建设是一项多方参与、共同推进的工作。需要充分发挥不同方面的积极作用，大力推进建筑市场信用体系建设工作。

（1）政府的作用。建筑市场信用体系建设的总体思路和基本原则应该是自上而下（而非自下而上，否则结果就是南辕北辙）。目前，政府是我国建筑市场监管的主体，有条件掌握建筑市场各类行为主体的基本信息和信用信息。因此，在建筑市场信用体系建设初期（尤其是在建筑市场信用制度建设过程中），政府应当起到主导作用和推动作用。在制度建设阶段，政府可以发挥自身优势，调动各种资源进行政策研究，制定有关制度，搭建具有公信力的诚信信息平台。这样的资源优势和推动作用是任何中介组织或市场行为主体都不具备的，也是不可替代的。

（2）中介组织的作用。在制度建设过程中，中介组织可以积极参与政策和标准研究，从制度层面和技术层面提供决策支持，随着制度的不

断完善和诚信信息平台公信力的不断提高，可以更多地承担信用体系建设的具体工作。

（3）建筑市场不同信用行为主体的作用。建筑市场信用行为主体是建筑市场信用体系建设的重要力量。信用系统实现信息的公开和对称，为不同行为主体降低履约成本、提高竞争力创造了条件。例如，具有良好履约能力和良好履约记录的承包商在承包工程时，就比有不良记录的承包商更具有竞争力，同时在工程担保方面也会得到实惠。信息的公开可以促进建筑市场不同信用行为主体主动提高自己的履约能力和履约质量，充分调动其积累良好信用记录的能动性。

（4）社会和市场的作用。在信用制度建设中，社会的作用主要是监督，监督信用行为主体是否弄虚作假。市场的作用主要是选择和淘汰，选择信用良好者，淘汰信用不良者或让信用不良者付出更高的成本。社会和市场是信用体系建设真正的推动力。能否充分发挥社会和市场的监督作用和选择与淘汰作用，取决于信用评价是否科学、客观和公正，相关信息是否公开。确保信息对称是避免签约风险和履约风险的有效手段。信息对称，莫如说是信息公开，让失信者难以遁形，必定会加大生存成本，甚至被市场淘汰。这也是信用体系建设的目标、意义和价值所在。

我国目前已经基本具备了大力推进建筑市场信用体系建设工作的基本条件。这里所说的大力推进不是一步到位式的推进工作（例如，推进各项基础研究工作包括标准研究工作，推进基础数据库建设及信息资源整合工作）。这里所说的基本条件是：制度条件、技术条件。制度条件是指具有中国特色的建筑市场监管制度和监管体系。（勘查单位，设计单位，施工图审查单位，招标代理单位，施工单位，工程监理单位，造价咨询单位，建筑设备、材料和制品生产单位，工程检测单位，工程担保机构，工程建设单位及各类单位的管理者、注册执业人士和关键岗位的从业人员等行为主体）大都在监管范围之内，有关部门或机构已经掌握这些行为主体的相关信息。这既是条件，也是优势。网络化信息化的技术手段为全国范围内的信息资源整合、信息资源积累、信息资源共享、信息公开创造了有利条件。对建设工作来说，这是有利条件，也是信用体系发挥威力和作用的渠道。

如果从提高建筑市场监管质量和降低签约风险、降低履约风险的角度来看，可以将市场主体信用等级与工程担保制度相结合，作为市场准入和退出市场的基本依据，充分发挥市场的选择、淘汰作用，充分发挥社会担保救济的积极作用，逐步实现管理型政府向服务型政府的过渡。现阶段可以与企业资质管理制度相结合，逐步弱化资质管理制度。

9.5　科学实施防范风险

信用制度建设不是必然可以达到预期效果的，信用制度建设取得的效果取决于制度设计的科学性、合理性、适应性和可行性，信用制度建设也有风险。从广义信用制度的内涵来看，所谓的"免检产品""放心产品""质量信得过产品""某某推荐产品"等，有的是政府授予行为，有的是中介组织推荐行为，实质上这些都是一种信用评价行为，有的甚至还有担保性质。"三聚氰胺"事件给一些家庭带来了严重伤害，给整个奶业造成了沉重打击。损失很大，教训深刻。某地某行业组织在诚信制度建设中，发生了当事人花钱就可以在"诚信"网上屏蔽不良记录的事件，成了诚信制度或信用制度建设的反面教材。尽管这些可能只是诚信制度建设中的个案，但这样的个案应当引起诚信制度研究者、制定者和执行者的足够重视，避免制度设计、制定和执行的风险。建筑市场信用体系建设需要注意避免政府及中介组织错位的风险、信用行为评价的风险、征信管理风险和信用信息发布风险。

9.5.1　政府及中介组织错位风险

政府在信用制度建设中的主要作用为以下几点：组织制度研究、制度设计，监督制度的执行，优先实现信息对称和信息公开，充分发挥不同方面在诚信制度建设中的不同优势和不同作用，要对授权机构和组织进行有效监督，避免直接或间接地用政府的公信力进行"诚信担保"。中介组织或行业组织在诚信制度建设中可以发挥积极作用，但是不能以营利为目的。如果中介组织或行业组织既是建筑市场信用行为的评价者又可以对建筑市场不同信用行为主体进行授奖，那么这样的中介组织或行业组织进行的所谓"诚信"评价是很难有公信力的。

9.5.2　信用行为评价风险

制度建设前期确保信用行为信息的对称和公开，应当是制度建设和实施的重点，应当避免简单照搬金融领域中对不同行为进行当量换算的打分评价，即使要实施也应先研究，再小范围试点、试点成功后向全国推广。因为从促进诚信社会建设的作用来看，保证信息的公开和对称其作用和威力远比一般的量化和评分大得多。当然信息的公开要符合相关法律法规。

9.5.3　征信管理风险

征信管理风险是指在诚信信息征集过程中存在的风险，人们对奖励信息和惩罚信息的申报态度往往不同（包括个人、企业或代为申报的政府部门，确保信息征集的公平、公正是避免征信管理风险的有效措施）。如果诚实的个人、企业和政府部门如实申报并被公开了有关处罚信息，而不诚实的个人、企业或政府部门不如实申报有关惩罚信息又没有受到相应的处罚，那么这样的征信管理背离了诚实、守信的原则。

9.5.4 信用信息发布风险

从信用系统建设的需要来看，信息征集的内容可能会多于要发布的内容，不同的内容可能要在不同范围内进行发布。信息发布需要按照国家的有关法律法规进行。

建筑市场信用体系建设既不能因为预见可能存在的风险而停止，也不能因为研究不到位和照搬照抄而扩大建设风险。

如果我们能够以基础数据库建设为抓手、以基础研究工作为支撑，对建筑市场信用体系建设及试点工作进行全面总结和深入分析，并深入研究建筑市场信用体系的基本架构，从顶层设计入手制定分阶段发展目标和实施策略，那么我们就既可以扎扎实实地推进建筑市场信用体系建设，又可以有效地避免风险的发生。

第 10 章
建设工程价格形成机制改革

随着我国建筑市场的发展和不断完善，建设工程的招投标已经成为建筑市场的主要交易方式。工程项目通过招投标确定价格，是一种国际上普遍采用的交易方法。合理确定和有效控制工程造价，可以达到最大限度地发挥投资效益、维护参与建设各方的合法权益的目的。因此在工程招投标中，工程造价的计算和控制显得尤其重要。在这里，建设工程价格是指新建建设工程的生产价格。我国的建设工程造价体制的改革是一个循序渐进的过程，当前建设工程的价格形成机制尚需深层次的探讨。

10.1 建设工程由市场形成价格的宏观形势与客观情况

10.1.1 建设工程价格在建设市场竞争中的重要性

我国的工程造价体系是伴随着市场经济体制的建立而发展起来的。在计划经济时期，国家以指令性方式进行工程造价管理。20世纪90年代中期以来，工程造价主要通过招投标竞争定价。这种情况越来越要求建设工程价格由市场形成。建设工程招标投标制度可以降低工程造价，进而使工程造价得到合理的控制。施工企业在建筑市场中的竞争主要体现在工程价格、工程质量、项目工期、施工组织、企业信誉。价格是市场经济的综合反映，最具有竞争力的就是工程价格竞争。在越来越完善的建筑市场中，工程质量、施工组织、项目工期、企业信誉等因素的竞争已经引起企业的高度重视。

从国外的情况来看，工程价格的竞争是招投标中的主要因素。在招标、投标中，价格竞争使建设工程的成本趋于合理，可以起到节约投资、提高社会效率的作用。由市场形成工程价格，依据施工企业的技术水平和管理水平，根据市场竞争的情况，制定企业合理的取费定额和利润水平，将使施工企业在建筑市场上获得更强的竞争力。投标报价的重要性导致摒弃以定额为计价依据和不按指令性文件规定计算收费的工程报价的情况产生。

10.1.2 建设工程价格形成基本思路

（1）工程估价的基本方法。在我国，建设工程价格形成的主要思路是将建设项目细分至最基本的单位，用其工程量与相应的单价相乘后汇总（即建设工程价格）。根据工程造价计价依据的不同，目前我国存在工程定额计价和工程量清单计价两种模式。

工程定额是在合理的劳动组织和合理地使用材料和机械的条件下，完成一定计量单位合格的建筑产品所消耗资源的数量标准。在很长一段时间内，我国建设工程价格形成采用的是工程定额模式，也就是说，按照预算定额规定的分部分项子目，逐项计算工程量，套用预算定额单价或单位估价表确定直接工程费。之后按照规定的取费标准确定措施费、间接费、利润和税金,加上材料调差系数和适当的不可预见费,经过汇总形成工程预算或者招标的标底。在评标和定标中,标底是最主要的依据。这种工程造价管理制度是在我国计划经济体系下形成的。工程定额计价程序示意图详见图 10-1。

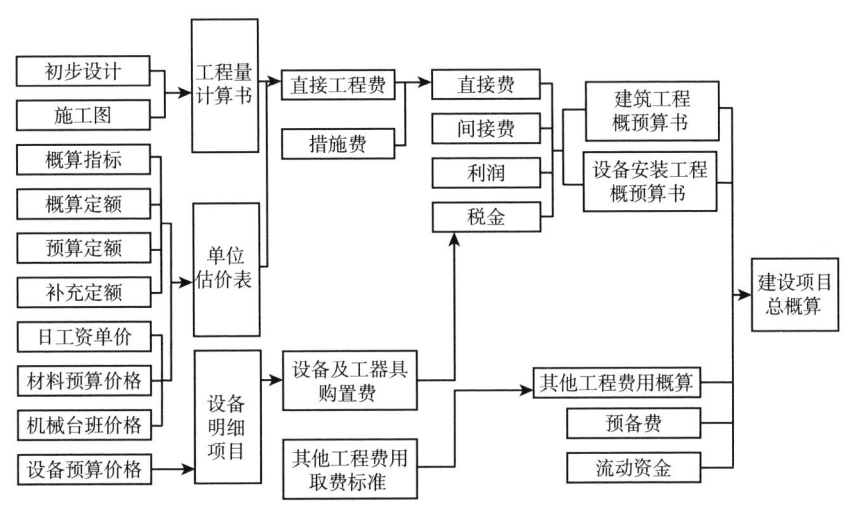

图 10-1 工程定额计价程序示意图

工程量清单是指建设工程的分部分项工程项目、措施项目、其他项目、规费项目和税金项目的名称和相应数量等的明细清单。工程量清单计价方法是一种由市场定价的计价模式,由建设市场买卖双方根据建筑市场上供求状况和信息状况进行自由竞价,从而最终确定建设工程价格的方法。

基本方法:在统一的工程量清单项目设置的基础上,制定工程量清单计价规则,先根据具体工程的施工图纸计算出各个清单项目的工程量,再根据各种渠道获得的工程造价信息和经验数据计算得到工程价格。工程量清单计价程序示意图详见图 10-2。

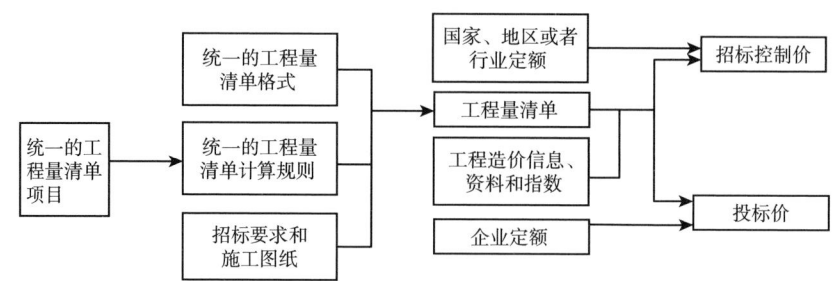

图 10-2 工程量清单计价程序示意图

无论采用哪种计价方式,工程造价的基本原理如下:

$$建筑安装工程造价 = \sum [单位工程基本构造要素工程量(分项工程) \times 相应单价]$$

无论是定额计价还是工程量清单计价,基本原理均是上述公式,公式的基本含义不同而已。单位工程基本构造要素就是分项工程项目。定额计价是按工程定额划分的分项工程项目,清单计价是按清单项目划分的分项工程项目。工程量是指根据工程项目划分和工程量计算规则,按照施工图或者其他设计文件计算的分项工程实物量。工程单价是指完成单位工程基本构造要素的工程量所需要的基本费用。

在定额计价模式下,分项工程单价 = $\sum$(定额消耗量 × 相应单价)。

其中:定额消耗量是指生产要素的消耗量。相应单价指的是生产要素的单价。在工程量清单计价模式下,分项工程单价是指综合单价,包括人工费、材料费、机械台班费、企业管理费、利润、风险因素等。综合单价应该根据企业定额和相应的生产要素市场价格来确定。

(2)工程估价的基本依据。建设工程价格形成主要依赖于如下几类资料。

一是工程技术文件。工程技术文件主要包括施工图设计文件和有关标准图集、工程地质勘测资料、施工组织设计与施工方案、建设场地的自然条件以及施工条件等。只有根据以上的工程技术文件，才能对工程结构进行分解，得到计价的基本单位，测算出工程实物量，得到计价的单位工程基本构造要素的工程量。

二是工程估价数据。工程估价数据主要包括：企业定额、现行的建筑工程和安装工程预算定额和费用定额、单位估价表、有关费用规定、现行有关设备原价以及运杂费率等。而在一般情况下，工程估价数据通常指的是资源消耗量数据。企业资源消耗量数据、技术水平与管理水平有关，需要企业的长期积累，构成工程消耗量定额。

三是市场信息资料。建设工程消耗的生产要素的价格是由市场形成的。随着市场的变化，生产要素的价格随之发生变化。施工企业必须随时掌握市场信息，了解市场行情，熟悉市场上各类资源的供求变化和价格动态。众所周知，建设工程的特点之一是周期长，生产要素价格因素可能会由于市场因素而变化。因此，不同时期不同地区的物价的相对变化趋势和程度是建设工程价格形成的重要影响因素。

10.1.3　目前建筑市场中存在的典型现象

在市场经济条件下，建设工程招投标已成为普遍采用的建筑产品交易方式。建筑市场通过建设工程项目招投标制度充分利用市场机制实现市场机制对工程资源的最优配置，带来整个行业和建筑企业的经济效益。只有建立起市场竞争、形成工程价格的机制，才能使建筑市场领域的资源得到合理配置。当前建筑市场推行工程量清单模式，但工程量清单计价本身只是为了便于市场竞争形成交易价格技术手段，绝不是推行了工程量清单计价就一定会形成合理的市场价格、一定能有效地配置资源。

现象一：投标价格低于成本价，工程成本低于定额造价。招投标制度可以实现建筑市场的合理竞争,提高经济效益。但是随着招投标制度的形成,出现了投标价格大都低于标底价格、工程成本低于定额造价的现象。许多施工企业技术水平与管理水平低下,但是为了获取项目进行恶意的低价竞争。同时由于招投标大都采用单价合同,各项目以实际计量的工程量为准,部分企业投标时故意以低价竞标,在施工中通过虚报工程量来牟利。同时,招投标过程中不够严谨、招标方案存在漏洞、招标过程中存在诚信缺失,导致围标、串标等现象的发生。

现象二:设备、材料价格偏离实际市场价格。从目前各种信息渠道来看,设备、材料的公布价格偏离实际的购置价格,编制标底时缺乏客观真实的价格信息。同时,当前也缺乏相应的生产要素价格信息提供渠道,没有相应的生产要素价格指数预测市场价格变化。

现象三:在投标报价时,企业习惯使用定额报价,根据定额子目的人工费、材料费和机械费,再考虑一定比例的管理费和税金等确定综合单价,最后按照发包方提供的工程量清单确定投标报价。甚至于有些企业原封不动地采用预算定额计价。

现象四:企业不具备完整的企业定额。建设工程造价以统一的定额为基础计算直接费,按规定的费率取费。这样得到的造价不能反映企业的实际水平和能力,也不能起到市场信号传递的作用。大量中小型建筑企业和民营企业成为建筑市场重要的参与主体。不同所有制的企业管理成本构成不同,技术水平差异很大,绝大多数施工企业没有内部消耗量定额。

现象五:在许多企业中,造价执业人员大多执行一般的工程量审核、工程预算与结算等传统的工作,有的人员甚至只履行"盖章"程序。相当多的从业人员缺乏专业理论知识、相关经验不足,因此工程量清单报价质量不敢恭维。这些与当前市场经济体制下的工程造价管理制度相违背，与社会大环境和个人因素有关。

现象六：有形建筑市场主要是作为招投标服务场所，提供有限的交易信息。自20世纪90年代后期，全国各大中城市中广泛建立了有形建筑市场。目前相当多的地方和行业是按照专业和区域重复设立有形建筑市场，同时根据对各地建设工程交易中心网站提供的服务信息来看，主要是提供招投标信息、企业诚信信息、专业人员诚信信息等。但是信息局限于本地区和相应的专业领域，并没有形成统一的全国性的服务信息；而且对于企业和个人信用的资料收集与评价标准不统一、不公开，违反诚信的行为得不到有效的约束。

10.2 建设工程价格形成机制的深层次思考

10.2.1 工程定额计价方法的缺陷

定额计价模式体现的是"量价合一"的原则。预算定额计价的依据是由政府制定的，建筑市场主体（发包人和承包人）本应与价格行为密切相关，但事实上没有决策权和定价权。国家制定基础定额，具体的预算定额等计价依据则由各地建设行政主管部门自行制定。尽管定额的消耗量标准是依据施工规范和社会平均水平等方面的因素制定的，但建设行政主管部门对各种价格及相关费率标准的确定与市场经济的发展脱节。在定额计价模式中，决定建设工程价格的因素包括建设工程的工程量，单位工程基本构造要素的工程量所需生产要素消耗量、生产要素的价格等。

建设工程的工程量在定额计价模式中是由投标人算量列项，由于各个投标人的算量基础并不一致，可能将不是报价范围内的项目也列进去或者填报漏项。

单位工程基本构造要素的工程量所需生产要素消耗量包括直接消耗和间接消耗在工程中的人工、材料和机械台班的数量。直接消耗在工程中的生产要素数量，是施工企业技术能力的体现；间接消耗在工程中的生产要素数量的多少，是施工企业管理能力的体现。在不同时期，完成同一单位的工程构造要素的生产要素消耗量是不同的。

生产要素价格指与定额量相对应的、随着市场变化而不断波动的要素的单价。各生产要素单价的高低，是随着市场状况不断变动的，同样体现了施工企业的管理能力。不同时期，对于不同企业，生产要素的单价同样是不同的。

基于以上三点，对于同一个建设工程项目，不同的企业在不同的时期、不同的地方，形成的建筑产品价格也是各异的。因此定额计价模式具有以下不利状况：建筑工程定额相对于工程实际具有滞后性，工程造价难以反映市场供求关系；工程造价难以体现施工企业之间的竞争关系；工程造价的高低难以体现建筑工程质量的优劣；工程造价没有充分体现真实市场价值；难以形成统一、开放、有序的建筑市场。

随着市场经济的发展，建筑工程项目必须要实现量价分离，以市场竞争形成价格，真正体现企业根据市场行情和自身条件自主报价。而建设工程定额的存在阻碍了这个变革。美国政府没有统一的工程造价计价依据和标准，一般是根据积累的工程造价资料并参考各工程咨询公司有关造价资料对各自管辖的政府工程项目制定计价标准（作为费用估算依据）。英国也没有建筑工程定额体系，工程量的测算方法和标准是由专业学会负责的。由此看来，建设工程定额并不符合政府宏观调控、企业自主报价、市场形成价格的大趋势，建设工程定额的是否继续存在值得商榷。

10.2.2 企业投标报价缺乏充分的信息和依据

自 2003 年起,作为国家标准的《建设工程工程量清单计价规范》(以下简称《计价规范》)在全国范围内正式实施。《计价规范》包括三个方面的主要内容:工程量清单格式、工程量清单计价格式和工程量计算规则。工程量清单的特点表现为统一项目编码、统一工程量计算规则、统一计量单位、统一项目名称、统一项目特征。这为投标人提供了一个平等的报价平台,避免了工程量计算和理解差异引起的各方在工程量方面的分歧。

实行工程量清单报价以后,招标人按照招标要求和施工设计图纸要求,将拟建招标工程的全部项目和内容依据统一的工程量计算规则、现行预算定额或综合预算定额子目分项要求,计算分部分项工程实物量,列在清单上作为招标文件的组成部分以供投标单位逐项填写单价用于投标报价。在这种模式下,标底不再成为评标的主要依据,甚至可以不编标底,业主承担了工程量的计算误差和变更风险。投标方只对其所报的工程单价负责。

清单项目单价采用综合单价法,其中包括人工费、材料费、机械费、管理费和利润,所有单价组成部分都属于竞争价性质。施工企业将根据自己的施工方法、施工工艺、技术水平测算各分部分项工程人工、材料、机械消耗量。同时根据企业的劳动力来源组成、材料采购渠道和市场价格、拥有的机械装备和机械的市场价格,综合确定生产要素的市场价格。另外,企业可以根据施工组织设计的要求、现场的实际情况进行仔细拆分和计算,结合自身的技术及经济实力,合理确定措施费用。同时企业根据竞争的激烈程度灵活掌握,根据报价策略和企业目标合理确定利润水平,并使报价在投标中有竞争力。

投标方确定工程单价的关键在于确定人工、材料和机械台班等生产要素的消耗量以及生产要素的价格。目前，企业确定生产要素价格的主要依据是预算定额、企业经验数据、市场价格以及造价管理部门所发布的价格，因为市场价格波动较快，往往不能准确反映建设项目的实际工程造价，如果能够及时了解和掌握市场材料价格的变化情况，那么将会达到合理确定和有效控制工程造价的目的。企业要时刻了解人工、材料等市场价格的波动，并正确测算根据项目难度及建设期的长短所要投入的实际成本。

总之，工程项目价格的竞争无非是在人工、材料、机械的价格和间接费、利润等费用中想方设法降低成本。施工企业要逐步建立起以工程成本为中心的报价制度。这就要求一个施工企业要全面了解建筑市场各方面信息，并根据本企业经营管理水平，结合工程特点，做到自主确定计价和报价标准，真正做到企业自主定价，以适应市场形成价格的新机制。在建筑市场中，国外的工程造价管理是以市场为中心的动态管理。费用管理、工程量计算规则、经验数据以及市场信息是西方发达国家计算与控制工程造价的主要依据，多渠道的工程造价信息是建筑市场价格变化的指示灯，也是市场主体进行估价与结算的重要依据。而我国目前的情况是，企业并没有统一建筑生产要素价格目录提供参考，也没有相应的生产要素价格指数给予指导。我国的工程造价管理机构以及各地设立的建设工程交易中心没有肩负起提供生产要素信息的责任。

10.2.3 有形建筑市场服务功能不完备

合理控制工程造价、规范市场交易行为、提升工程质量、解决不正当的竞争行为、提供有效的管理服务，有必要从有形建筑市场的功能来分析。有形建筑市场是建筑市场管理和服务的新型手段。2003年11月，建设部下发《有形建筑市场运行与管理示范文本》，对于建筑市场的定位、规划和发展起到了重要指导作用。作为建设工程招投标交易服务平台，有形建筑市场是规范工程招投标交易行为、预防建设工程领域腐败行为发生的重要环节。根据《国务院办公厅转发建设部、国家计委、监察部关于健全和规范有形建筑市场若干意见的通知》（国办发〔2002〕21号），有形建筑市场有三个功能。

一是有形建筑市场要为建设工程招标投标活动，包括开标、评标、定标等，提供设施齐全、服务规范的场所。

二是收集、存储和发布招标投标信息、政策法规信息、企业信息、材料设备价格信息、科技和人才信息、分包信息等，为建设工程交易各方提供信息咨询服务。

三是为政府主管部门实施监督和管理提供条件。各种工程交易活动纳入固定场所集中进行，降低分散交易导致的监管难度，便于有关部门集中对各主体的活动进行监管和规范。

有形建筑市场的作用能否充分得到发挥、能否顺利并且规范运行，关系到建筑市场能否得到整顿和规范，是事关建筑业健康稳定发展的大事，而作用的发挥依赖于有形建筑市场其自身功能是否能够实现，保持有形建筑市场的独立性和统一性是其功能实现的前提。

首先，目前地方和行业是按照专业和区域重复设立有形建筑市场，结果造成了进场交易项目少、资源利用效率低。有形建筑市场只有在各个政府部门的支持下，才能实现其载体功能。有形建筑市场为工程承发包双方提供信息服务、交易场地和设施服务，这些场所和设施的建设需要耗费大量的资金，并且其运行也需要以一定的财力为基础，为保证已经建成市场投入资源的充分高效利用和正常运营，必须有一定的交易量作为基础。综合性有形市场的统一设立，打破区域和行业界限来建设有形建筑市场，有效处理有形建筑市场与分市场的关系、总包市场与专业和劳务分包市场的关系，可以充分发挥集中交易平台的规模效益，提高相关设施的利用效率、提高政府资金使用效益，避免因交易对象不同而过多设置交易场所造成的资金和资源上的浪费。

其次，我国的有形建筑市场尚未建立高效、快捷、方便适用的完备的信息服务网络。发达国家对工程造价信息的收集和整理十分重视，造价信息是建筑产品价格形成的重要依据。在美国，建筑造价指数一般是由咨询机构和新闻媒介来编制。ENR造价指标就是其中的一种，这个指标由构建钢材、波特兰水泥、木材和普通劳动力4个个体指数组成。ENR指数资料来源于20个美国城市和2个加拿大城市，在每个星期四计算并发布最近的造价指数。在英国，对工程造价的调整以及价格指数的测定、发布一整套的科学、严密的办法，政府部门要发布《工程调整规定》和《价格指数说明》等文件。

在我国工程造价管理部门以及有形建筑市场并没有肩负起提供充分的信息服务的社会责任。有形建筑市场不仅需要提供建设工程招标投标活动的场所，还需要提供信息咨询服务。然而，相当多的有形建筑市场并没有提供充分的信息服务，提供的信息的深度、广度和共享性不足。同时信息服务的网络化水平很差，很多地方仅建设简单的网站，没有提供网络化的信息服务。有形建筑市场的网络化信息服务应当是各专业各区域信息资源的深度共享。在工程量清单模式下，企业要随时了解人工、材料等市场价格的波动，然而企业获取信息的渠道却不多，很多地区的有形建筑市场存在信息服务尚不到位、对于生产要素价格信息提供不够充分等问题。

最后，有形建筑市场在初创阶段与行政监管部门合署办公，主要凭借行政权力推进市场发展。面临着以市场经济为导向的建设工程价格形成模式，缺少足够的宏观调控手段和服务意识，造成了市场信息分散以及企业和执业人员诚信缺失,甚至对社会产生消极作用,这直接影响着有形建筑市场健康发展。

目前的建筑领域中小型企业仍是建筑领域的重要主体,大量民营企业正在迅速发展,计划经济时代的建筑企业集团在市场经济的转轨过程中也在逐步进行转制,这都迫切地需要依靠有效的载体为其进行交易。在这样的情况下,建立新型建筑市场模式的任务只能由有形建筑市场来完成,有形建筑市场面临巨大的挑战。

10.3 建设工程价格形成机制的改革建议

(1) 取消建设工程定额,建立全国统一建筑生产要素价格目录(动态),作为企业投标报价基本依据。推行工程量清单计价要求投标人根据人工、材料、机械设备市场行情自由组价。综合单价能够反映要素市场的真实价格,不仅影响中标而且对中标后的盈利起着关键作用。由于我国目前的价格信息管理体系还不够完善,而且施工企业的供货渠道、材料询价也不够规范,价格变动趋势难以及时获得,这种不确定因素使承包商面临一定的价格风险。因而有必要建立起动态的工程造价信息系统,形成全国统一的建筑生产要素价格目录,用最新的信息引导计价活动,并应用网络等现代化传媒手段把最新的价格信息迅速传送到社会有关各方,为工程计价各方服务。企业可以依据在网上询价分析近期材料价格的变化情况,很好地预测未来价格的变化趋势,进行合理的组合,以减少价格波动引起的损失,形成合理的投标报价。有了统一的建筑生产要素价格目录,就可以给市场主体提供足够的市场信息,从而施工企业可以结合自身技术水平,依据该目录制定合理的企业定额。通过招标投标,总能够找到特定建筑产品上个别劳动消耗水平最低或接近最低的投标者,实现生产资源在特定建筑产品上的最优配置，使不同个别消耗水平的供给者之间有效竞争，从而会降低社会平均劳动消耗水平，促使建筑业生产力水平的提高。统一的全国性的建筑生产要素价格目录，将为企业投标报价提供合理的基本依据。

（2）推动各地有形建筑市场逐步由工程招标服务场所向生产要素市场转化。有形市场是交易平台，交易中心作为服务性单位，并不只是给招投标提供场所，更重要的是提供信息的服务。项目的投资是具有时间价值的，工程项目价格形成需要人工、材料、机械台班等生产要素的价格指数以及各类工程造价指数，各地的有形建筑市场应该定期公布相关的信息，并且提供生产要素的信息服务平台和交易服务平台，降低市场主体各方为完成交易活动而花费的信息搜集费用，解决信息不对称的问题，避免道德风险，从而节约社会资源，提高社会效率。

建设工程价格的形成在工程量清单模式下，拟建招标工程的全部项目和内容已然列在清单上作为招标文件的组成部分，投标单位在共同的工程量平台上进行报价。投标方需要确定工程单价的关键在于确定人工、材料和机械台班等生产要素的消耗量以及生产要素的价格。而对于企业来说，生产要素的消耗量是由施工企业依据自身技术水平和管理水平制定消耗量定额来确定的。而生产要素价格的确定就成为准确反映工程造价的关键因素，有形建筑市场应该提供充分的生产要素信息，因此有形建筑市场应该逐步地从招投标服务场所向生产要素市场转化，提供生产要素的服务信息。同时，统一的有形建筑市场也具备提供生产要素信息的条件。

（3）建立全国统一的大型互联网市场，提供生产要素价格指数、企业及执业人员信用信息发布、工程建设项目信息发布等功能。目前各地的建设工程交易中心网络平台主要是发布招投标信息以及市场诚信信息，并且具有区域性和专业性。尚未形成统一的全国的互联网市场信息平台。互联网在市场经济条件下日益重要，有形建筑市场迎来了新的机遇。将各地区、各行业、各部门的产品、服务、价格等信息集成起来形成统一的信息平台，将可以发挥围绕其建设交易服务为核心的集约功能；也利于政府主管部门对建筑市场的整体宏观调控和信息的收集统计，建立健全市场诚信体系，增加信息的准确性，防止信息不对称与道德风险、减少经营者的盲目性和市场对社会的消极影响。

一是生产要素价格指数定期发布。生产要素价格的地区性差异和时间性差异将会对企业招投标报价以及最终的结算产生重大影响。目前，建设工程项目实施管理情况以及合同价款支付和结算方式各不相同，人工、材料等市场要素价格的波动趋势又各具特性，需要进一步加强市场要素价格动态管理，规避不同情形建设工程对人工、材料等费用因市场价格波动所导致的市场风险。工程造价管理部门应当根据本地区的实际状况定期测算和发布人工价格指数、材料信息价等各类价格信息，及时反映本地区的市场价格水平的波动情况，对建设工程市场要素价格信息进行动态管理，在全国统一的互联网平台上定期公布，指导施工企业投标报价行为。

二是企业以及执业人员信用信息发布。目前，我国建筑市场信用体系的缺失已经严重影响建筑市场体系建设的进程。引导建筑市场良性发展是政府的责任，政府应该加快建立健全建筑市场诚信体系的建立和完善，培养企业诚实守信的经营理念，充分认识企业信用对于形成企业核心竞争力的重要意义，促进建筑市场的公平公正。每一个施工企业都需要评定信用等级，全国建筑市场任何一个招投标活动都能够在统一的互联网信息平台中查询每个投标企业的信用等级并且公布其信用信息，从而为评标提供依据。同时依据建筑企业的信用评价信息建立信用预测与约束机制，可实现企业信用状况公开透明，通过行政手段与市场手段对诚信较差企业予以惩罚，从而促使建筑市场良性发展。

在深化工程造价体制改革、推行工程量清单招投标的过程中，提高造价咨询机构和人员的素质也是一项重要的工作。提高造价从业人员素质需要工程造价管理部门、行业协会和人员及所在单位的共同努力，为造价从业人员提供公平公正诚信守法的环境和机会。这将有利于维护国家和市场各方主体利益，提高我国固定资产投资效益，也有利于我国早日与国际接轨。招标机构、造价咨询机构都要建立和健全各种规章制度，完善内部管理，强化服务意识，全面提高造价咨询人员的素质，要对其加强教育培训，提高职业道德修养，与时俱进地制定培养计划，加强法制学习，增强法律意识，在工程量清单和招标文件的编制过程中，坚决贯彻科学严谨的作风。在有形建筑市场的互联网平台上，要准确提供企业职业人员的信用档案信息，实现企业执业人员的信用状况的公开透明。

三是工程建设项目信息发布。对于私人投资项目，发达国家一般不干预具体的实施，而是通过政策引导和信息指导来进行宏观调控。政府应该定期公布工程项目信息资料，使建筑市场主体充分了解建筑市场信息。在统一的互联网市场平台上发布工程项目信息，及时向所有的施工单位提供信息，做到工程招投标信息的公开、透明。在建设交易市场内开展投标报名会、资格预审会、控制价审查、开标、评标、定标等工作，完成交易工作的全部内容，为增加招投标工作的透明度，可以邀请监察、计划、司法等部门参加，把招投标工作的各个环节都置于各方的监督之下，这有助于从源头上防范招标投标各方以及市场组织者利用招标投标获取不法利益，减少承包商通过不正当手段承揽工程等腐败行为的发生。

10.4 结 论

基于对以上问题的分析,我国的建筑市场价格形成机制可以采取如下措施进行变革:取消建设工程定额,建立全国统一的动态的建筑生产要素价格目录,作为企业投标报价基本依据;推动各地有形建筑市场逐步由工程招标服务场所向生产要素市场转化,并建立全国统一的大型互联网市场,提供生产要素价格指数、企业及执业人员信用信息发布、工程建设项目信息发布等功能。理顺建筑市场价格形成机制,对于形成统一、开放、有序、高效的建筑市场具有积极的实践意义。

参考文献

[1] 周国栋. 政府投资项目代建制改革研究 [J]. 建筑经济, 2005 (4): 9-14.

[2] 缪长江. 建筑业改革理论与实践 [M]. 北京: 中国科学技术出版, 1993.

[3] 顾海兵. 30年来中国经济市场化程度的实证考量 [J]. 中外企业家, 2009 (1).

[4] 陈伟松. 财政基建投资效益审计分析评价初探 [J]. 审计研究, 2005 (3): 28-30.

[5] 杨太成, 等. 对政府投资项目代建制的认识和思考. 中国招标, 2006 (Z1).

[6] 缪长江, 范绍福. 建筑业企业改制与市场环境 [M]. 北京: 新华出版社, 1997.

[7] 孙旺明. 市场经济条件下政府投资管理研究. 财政部财政科学研究所, 2010.5.

[8] 荣延舫. 浅谈人大对政府投资项目的审查监督 [J]. 人大研究, 2005 (9).

[9] 尹琳琳. 政府投资项目的投资控制问题研究 [J]. 天津大学, 2010.6.

［10］罗建华，高峰．政府投资建设项目运作中的委托代理问题分析［J］．长沙电力学院学报（社会科学版），2003（3）：49－51．

［11］郑利平．腐败的成因：委托代理分析［J］．经济学动态，2000（11）：15－20．

［12］兰定筠，李世蓉．政府投资项目代建制的监管机制研究［J］．建筑经济，2000.11：68－70．

［13］马欣，等．PFI筹资模式的新思索［J］．现代城市研究，2004（10）．

［14］李玉辉．深化投融资体制改革的政策取向［J］．学术交流，2006（1）．

［15］齐建群．建设五方责任主体常见违规行为及其监管实践与对策［J］．福建工程学院学报．2010（S1）：64－66．

［16］肖志勇．政府在建设工程质量管理中角色转变研究［J］．重庆大学，2007．

［17］曾勇．建设工程质量监督管理模式研究［J］．西南交通大学，2006．

［18］宋宗宇，曾林．建设工程质量监管的机制失灵与制度补救——以上海"莲花河畔景苑"楼房整体倾覆案为视角［J］．建筑经济．2010（2）：5－7．

［19］刘祖和．国外建筑工程质量监管经验借鉴［J］．工程质量．2006（7）：22－25．

［20］姚励冰．中国工程质量监督管理体系的制度研究［J］．重庆大学，2005．

［21］郭汉丁．建设工程质量政府监督管理研究［J］．天津大学，2003．

[22] 李世蓉,陈洪波,唐飞.建设工程质量政府监督市场化博弈分析 [J].建筑经济.2008 (S2):12-15.

[23] 胡明.建设工程质量政府监督管理模式 [J].重庆大学,2005.

[24] 谢琳琳,何清华,乐云.我国建设工程质量监管模式的现状分析及改革设想 [J].建筑经济.2007 (5):6-9.

[25] 罗晟,孙占国.我国建设工程质量事务机构发展构想初探 [J].建筑经济.2009 (12):10-13.

[26] 郭汉丁.国外建设工程质量监督管理的特征与启示 [J].建筑管理现代化.2005 (5):7-10.

[27] 全国造价工程师执业资格考试培训教材编审组.工程造价计价与控制 [M].北京:中国计划出版社,2011.

[28] 全国造价工程师执业资格考试培训教材编审组.工程造价管理基础理论与相关法规 [M].北京:中国计划出版社,2011.

[29] 王雪青.工程估价 [M].北京:中国建筑工业出版社,2011.

[30] 解志萍.浅议清单计价模式下企业定额的作用与编制 [J].山西财经大学学报,2011 (5):60.

[31] 王秀琴.新清单计价规范招标控制价设立标准的探讨与分析 [J].建筑技术,2011 (6):537-539.

[32] 中华人民共和国住房和城乡建设部 GB50500-2008:建设工程工程量清单计价规范 [S].北京:中国计划出版社,2008.

[33] 李殿君,杨军.工程量清单计价与定额计价的区别与联系 [J].煤炭工程,2008 (1):114-115.

[34] 向维.工程招标中的工程量清单报价 [J].铁道运输与经济,2007 (9):42-44.

［35］曾晶．浅析建筑工程项目信息化的现状及实施建议［J］．铁道工程学报，2007（3）：103－106．

［36］严玲，尹贻林．工程估价学［M］．北京：人民交通出版社，2007．

［37］康琴．实施工程量清单报价后可能出现的现象和对策［J］．炼油技术与工程，2005（7）：60－61．

［38］王雪青，孙艳芳，李颖．建设工程价格形成问题探讨——基于工程量清单招标方式［J］．价格理论与实践，2004（04）：60－61．

［39］李立新．建筑产品的工程量清单计价模式浅议［J］．价格理论与实践，2004（10）：37－38．

［40］沈巍．基于量价分离的工程量计价模式研究［J］．科技进步与对策，2003（10）：103－105．

［41］缪长江．建造师与建筑市场［M］．北京：中国财政经济出版社，2012．

致 谢

本书的撰写得到业内专家学者、建筑业企业、行业协会和建设主管部门同行、同事的帮助和支持。在此,我要特别感谢北京交通大学的刘伊生教授、天津大学的王雪青教授、同济大学的孙继德教授、同济大学的杨卫东研究员、东南大学的李启明教授、重庆交通大学的贺铭教授、清华大学的汪诚文教授、北京建筑大学的何佰洲教授、中国石油杨智慧高级工程师和河北建筑业协会的许孟斌会长、《建造师》的李春敏主编、中国财政经济出版社建工分社的李昊民副社长。

缪长江